JN055321

伊藤 真
実務法律基礎講座

ITO MAKOTO
JITSUMUHOURITSU
KISOKOUZA

BASICS

伊藤 真 監修 伊藤塾 著

経済法

第2版

弘文堂

シリーズ刊行に際して

1　実務法律の初心者にもわかりやすく

本シリーズは伊藤真の試験対策講座シリーズの姉妹編である。司法試験、司法書士・社会保険労務士・行政書士・弁理士・公務員試験などさまざまな試験を突破して実務に就こうとされている方のために実務法律をわかりやすく解説した。また、企業の法務部や現場において日々、実務法律と格闘しているビジネスパーソンやこれからなろうとしている方、大学の試験対策として実務法律を効率的に学びたい学生のためにも有益であると信じている。

どのような法律であっても、国民のためのものである以上は、わかりやすくなければならない。また、わかりやすく解説できるはずである。そこで、法律を使って仕事をする実務家の方がみずから実務法律を学習する際に、必要十分なレベルを保ちつつ、わかりやすく学習していけるように、ナビゲーターとして本シリーズ「実務法律基礎講座」を刊行した。本シリーズをきっかけとして新しい実務法律に興味をもっていただけるとうれしい。

2　実務において法律を使いこなせるようになること

実務の現場はOJT（オン・ザ・ジョブ・トレーニング）による訓練が中心になることが多い。しかし、どんなに貴重な経験を積むことができても、その経験の意味がわからなければ、その経験の価値は半減しよう。実務の現場で起こるさまざまな問題もその理論的な背景が理解できてこそ、更に応用が利く貴重な財産となる。そこで、本書は、実務で起こるさまざまな紛争の理論的解決の糸口となるように、各種法律を使いこなせるようになることを目的としている。将来、自分の力で解決しなければならない紛争に直面したときに、自分の頭で考えることができるように基礎力をつけておくのである。本シリーズの各書はそのために必要な基礎知識を網羅している。実務に就く前に読んでおくなり、通勤途中で読むなりしておくことにより、実務法律の基礎固めができ、法律を使いこなせるようになる。

3　短時間でマスターできること

法律を使いこなさなければならない実務家は忙しい。じっくりと体系書を端から端まで読んでいる時間はないのが普通である。そこで、本シリーズでは基本書、体系書の必要な部分を見つけて読みこなせるように、各種実務法律の全体像を短時間で把握できるように努めた。

もちろん、本シリーズによる解説はある程度、概説的なものである。しかし、最初に短時間でその法律の全体像をマスターすることは、どのような法律の学習であっても必要なことだと考えている。本シリーズで全体像を学んだ後に、本格的な基本書・体系書で必要な知識の補充をすることにより、本シリーズで学んだ骨格に血肉がつき、より本格的な理解を伴った実務運用が可能となるはずである。

伊藤　真

『経済法[第2版]』はしがき

2013年に初版を刊行してから9年近くの年月が経過した。この間に、独占禁止法や公正取引委員会による各種ガイドラインは、数回の改正がされている。そこで、これらの改正に対応させるとともに、昨今変化が激しい経済法に関わる新情報を加え、版を改めることとした。

独占禁止法の法改正としては、2016(平成28)年の確約手続の導入に関する改正、2019(令和元)年の課徴金減免制度の整理、調査協力減算制度の整備に関する改正がある。また、2020(令和2)年12月25日からは、新たに判別手続が運用されることとなった。これらの改正については、概要がつかめるように丁寧に記述した。各種のガイドラインについても、最新の改訂にあわせて記述を一部改めた。

ガイドラインのなかでも、特に重要なものは、いずれも公正取引委員会の作成した「企業結合審査に関する独占禁止法上の運用指針」(令和元年12月17日)、「知的財産の利用に関する独占禁止法上の指針」(平成28年1月21日)、「排除型私的独占に係る独占禁止法上の指針」(令和2年12月25日)、「不当廉売に関する独占禁止法上の考え方」(平成29年6月16日)、および「流通・取引慣行に関する独占禁止法上の指針」(平成29年6月16日)である。

加えて、第2版では、以下の点についても特に強く意識した。

・経済法に関わる実例や実務観点からのコラムを多く掲載
・司法試験での出題履歴に即して、更なる記述のメリハリづけ
・各種ガイドラインに準拠した図表を多数掲載
・設例への解答は、試験対策となる答案を意識したかたちで記述
・IT化・グローバル化をふまえ、独占禁止法の現在の潮流に言及
・章の構成や記述の分量を経済法を中心に変更

司法試験においては、経済法を選択する受験生が年々増加し、今や選択科目のうち受験者数が2番目となっている。かつ、2022(令和4)年より予備試験においても選択科目が加わることから、今後更に経済法の試験対策テキストに対するニーズはますます高まっていくと考えられる。そこで、第2版は、入門書としてのわかりやすさとコンパクトさは維持しつつ、資格試験対策として最初に使用するテキストとしても最適なものになったと自負している。本書が、これから経済法を学ぼうと考えている学生

や受験生、また、実務に携わるビジネスパーソンをはじめ経済法に興味をもったすべての方々にとって、役立つ１冊となれば幸いである。

今回の改訂にあたっては、司法試験予備試験合格後、2021年司法試験に合格された久郷浩幸さんを主軸に、香西佑樹さんをはじめとする伊藤塾の誇る優秀なスタッフ、そして、弘文堂のみなさんの協力を得て刊行することができた。また、本シリーズ知的財産法に引き続きアマゾンジャパン合同会社にて社内弁護士として勤務されている渡部浩人氏には、実務上の観点からさまざまなご意見をいただいた。ここに深くお礼を申し上げる。

2021年10月

伊藤　真

はしがき

1 本書の目的

健全で公正な競争を維持するための競争法を中心とした法律に、経済法という分野がある。日本では、経済法分野に属する法律がいくつかあるが、その主だったものが独占禁止法である。

たとえば、最近、大企業が参加するカルテル等に対して多額の課徴金が科せられたといったニュースをよく耳にするのではないだろうか。このようなニュースの背景には、独占禁止法違反行為に対する厳罰化の世界的な潮流がある。したがって、企業の経済活動において独占禁止法は、今後ますます重要なものとなることは容易に予想でき、独占禁止法を理解することは企業法務において必要不可欠といっても過言ではない。

本書は、経済法のなかでも特に重要度の高い独占禁止法について主に解説するものである。独占禁止法は条文が非常に抽象的であり、実際の事案への適用となると案外難しいものがある。本書では、多くの事例を紹介しながら平易な文章で解説してある。本書を通して経済法の中核である独占禁止法について学んでほしい。

【1】実務の基礎として

本書は、憲法・民法・刑法など基本的な法律をある程度勉強した方が、実務へ向けて経済法をはじめて勉強する場合の手引書として利用することを目的としている。

経済法は、独占禁止法とよばれる「私的独占の禁止及び公正取引の確保に関する法律」が主たる法律である。また、この独占禁止法のほか、景品表示法または景表法とよばれる「不当景品類及び不当表示防止法」、入札談合等関与行為防止法または官製談合防止法とよばれる「入札談合等関与行為の排除及び防止並びに職員による入札等の公正を害すべき行為の処罰に関する法律」、そして、下請法とよばれる「下請代金支払遅延等防止法」も、独占禁止法を補完するものとして、経済法の法体系に含んで考えることが多い。

本書では、独占禁止法の解説を主軸とし、これら3法については、関連する項目において簡単な解説を加えるにとどめることとした。もっとも、これら補完的な3つの法律も実務上問題となることが多い。そのため、概要はしっかりと頭に留め置いておいてほしい。

【2】基本書への橋渡しとして

本書は、主として実務家を対象としているので、内容的にはあくまでも概説的なものにとどめている。また、各論点についての記述も、判例・実務の到達点を示すにとどまり、学説上の対立には深入りしていない。もっとも、独占禁止法については、判例・実務の考え方を理解することが何より重要である。したがって、本書に記載されている内容を身につければ、専門的な基本書等も理解しやすくなるであろう。その意味で、本書が、本格的な基本書等への橋渡しとなりうるものである。

2 本書の構成

本書の構成は、おおむね代表的な基本書等に準じている。それは、そのほうが体系的な理解が得られやすいとの考慮に基づく。

独占禁止法の行為類型は、「私的独占」、「不当な取引制限」、「企業結合規制」、および「不公正な取引方法」の４つに大きく分けることができる。そこで、本書では、序章において経済法全体について、第１章において独占禁止法の体系について概説した後に、第２章で私的独占、第３章で不当な取引制限、第４章で企業結合規制、第５章で不公正な取引方法についてそれぞれ解説している。そして、これらの規制を実現するためのエンフォースメントについては第８章で説明している。このほか、他の法分野との関連について、第６章で知的財産法との関係、第７章で国際取引との関係について概説した*。

＊第６章から第８章までは、初版時の構成である（第２版「はしがき」参照）。

実務においては、判例や審決例等の理解が重要であることはいうまでもない。そこで、解説に際しては、なるべく判例や審決例等に触れ、また、各節において具体的な設例をおくことで、どのようなことが問題となるのかを理解してもらえることを主眼とした。

3 独占禁止法の特徴

【1】実務の重視

独占禁止法の理解においては、公正取引委員会の実務がきわめて重要である。したがって、公正取引委員会の作成しているガイドラインを参照しながら学習することが望ましい。本書でも、できるかぎりガイドラインの記載に沿うように解説した。

また、従前の判例・審決例等が、独占禁止法の解釈適用における指針になる傾向が強い。したがって、判例・審決例等の理解はきわめて重要である。そこで、本書では、先例的価値のある判例・審判例等を多数掲載した。さらに、特に重要なものについては、「重要判例」として囲みの部分で示した。また、独占禁止法では、結論を、事案とセットでおさえることが重要であるから、他の法律科目以上に事案の理解に重きをおくべきである。そこで、余裕があれば、本書とあわせて判例集などにも目をとおし、判例・審決例等の詳細な事案を把握しておいてほしい。その際には、事案のどの部分が重視されて違法または適法の結論が導かれたのかという点に注目することが肝要であろう。

【2】類型選択の重要性

独占禁止法で規制されている行為類型は、私的独占、不当な取引制限、企業結合規制といった代表的なものに加え、不公正な取引方法が約16種類と多数にのぼる。したがって、具体的な事案を検討する際には、どの行為類型を適用するかということが重大な関心事となる。

どの行為類型を適用するかの判断において目安となるのは、やはり従前の判例・審決例等である。したがって、当該事案に類似した事案が過去にあったかを検討し、これが存在する場合には、原則として同一の行為類型の適用が検討されるべきである。他方、過去に類似した事案があったとしても成立要件にうまくあてはまらない場合や、そもそも類似の事案が存在しない場合には、成立要件に素直にあてはまる行為類型や、行為の実態に合った行為類型がないかを検討することとなる。

行為の実態に合った行為類型であるかを判断するには、だれを違反行為者とすべきかという観点から考えることが有用である。たとえば、複数の事業者が話し合いにより、他の事業者を排除していた場合には、不当な取引制限が適用されるのが原則である。しかし、実質的にみたとき、話し合いに参加していた事業者のうち１つの事業者が主導的立場にあり、他の事業者はむしろ強制的に協力させられていたというような事情がみられるのであれば、主導的立場にある事業者を違反行為者とすれば足りる。そこで、この場合には、主導的立場にある事業者による私的独占と構成することが行為の実態に沿うこととなる。

【3】法定類型と指定類型

独占禁止法の規制類型のひとつである不公正な取引方法においては、法定類型と指定類型の区別が重要である。法定類型とは、独占禁止法上に行為が定義されているものである。他方、指定類型とは、独占禁止法の委任を受けて定められた公正取引委員会の告示により行為が定義されるものである。重要なのは、規制の必要がより強いものが法定類型として定められているのであり、それ故、法定類型でなければ課徴金等が科されないということである。

なお、不公正な取引方法の法定類型と指定類型については、2009(平成21)年に改正が行われた。規制される行為の内容についての変更はほとんどないが、従前一般指定とされていたいくつかの行為類型が、法定類型にいわば格上げされるかたちで再編成されている。したがって、2009年改正以前の判例・審決例等を読む場合には、現行法との対応について注意する必要がある。

4 本書の使い方

【1】本文の記載について

第2章から第5章までは、実務の適用例や試験答案での検討順序に沿った記載を心掛けた。また、成立要件ごとに極力見出しをつけた。このため、本書の記載を順に読めばおのずから独占禁止法の思考方法が頭に入るようになっている。ただし、第4章の企業結合規制については、分野の性質上必ずしもこのような項目立てになっていない部分がある。

さらに、成立要件や用語の定義は可能なかぎり明確に記載するようにし、内容についても実務で採用されているものを選択した。このため、本書に記載されている定義や規範をひととおり理解すれば、独占禁止法の基礎的部分をマスターすることができる。

【2】資料の調べ方

経済法を勉強するにあたっては、本書にも引用したいくつかの資料を参照することが有益である。代表的なものは、①ガイドライン、②相談事例集、③審決例等、および④独禁研報告書である。

⑴ガイドライン

公正取引委員会では、経済法の解釈・運用に関する指針として各種のガイドラインを作成している。実務は、基本的にこれに従って運用されることから、経済法を理解するにあたっては、まずガイドラインの立場を把握しておくことが必要である。本書でも、可能なかぎり、ガイドラインの記載に沿って解説をしているが、更に勉強を深めたい場合には、原典にあたることをお勧めする。これらガイドラインは、公正取引委員会のホームページ(https://www.jftc.go.jp/dk/guideline/index.html)に公表されている。

⑵相談事例集

公正取引委員会は、事業者等から事前相談を受けた事例のうち、他の事業者等の参考になるものについて、概要をまとめた相談事例集を公表している。相談事例集には、一般的な相談事例集と、企業結合規制に関する主要な企業結合事例の２種類がある。一般的な相談事例集は、公正取引委員会ホームページのhttps://www.jftc.go.jp/dk/soudanjirei/index.htmlに、企業結合規制に関する主要な企業結合事例は、同じく公正取引委員会ホームページのhttps://www.jftc.go.jp/dk/kiketsu/jirei/index.htmlに掲載されている。これら相談事例集は、判例・審決例等に準じるものとして位置づけられる。そこで、少なくとも本書に掲載したような重要な事例については、事案を含めて理解しておきたい。

⑶審決例等

経済法においては、公正取引委員会が事業者に対して行った命令や審決例等が、判例と同様の先例的価値をもつという特徴がある。審決例等は、経済法判例・審決百選といった判例集のほか、公正取引委員会のホームページのhttps://www.jftc.go.jp/shinketsu/itiran/index.htmlからも閲覧することができる。本書では、便宜上審決例も重要判例として紹介している。なお、審決例等は、事案の紹介と簡単な結論しか記載されていないことが通常であるから、理由づけや規範といった法律論については、適宜、判例評釈等を参照する必要があろう。

⑷独占禁止法研究会報告書

不公正な取引方法については、「不公正な取引方法に関する基本的な考え方」(昭和57年７月８日独占禁止法研究会)が、今なお影響力を有する。これは、「公正取引」382号、383号等に掲載されたものであるが、年代が古いことから入手は困難であるかもしれない。そこで、本書では、独占禁止法の理解に必要なかぎりにおいて、独占禁止法研究会報告書(以下「独禁研報告書」という)に沿った解説を加えている。

【３】設例について

本書では、学習する行為類型のイメージをつかんでもらうために、各行為類型や重要なトピックについて簡単な設例を設けた。設例の解説は、試験答案と同じように記載しているので、読んでいくうちにおのずと答案の書き方が身につくだろう。本格的な問題演習に入る前の足掛かりとして活用してもらいたい。

本書の刊行に際して、さまざまな方の助力を得た。森永真人弁護士には、作成に携わっていただくとともに全体的に目をとおしていただいた。星野絢子さんには、2012年度司法試験において経済法を選択し合格された力をもって本書を完成させていただいた。また、伊藤塾が誇る優秀なスタッフ、そして弘文堂のみなさんの協力を得て刊行することができた。ここに厚くお礼を申し上げる。

2012年11月

伊藤　真

★参考文献一覧

金井貴嗣=川濵昇=泉水文雄編・独占禁止法[第6版](弘文堂・2018)
根岸哲=舟田正之・独占禁止法概説[第5版](有斐閣・2015)
白石忠志・独占禁止法[第3版](有斐閣・2016)
白石忠志・独禁法講義[第9版](有斐閣・2020)
泉水文雄=土佐和生=宮井雅明=林秀弥・経済法(LEGAL QUEST)[第2版](有斐閣・2015)
岸井大太郎=大槻文俊=中川晶比兒=川島富士雄=稗貫俊文・経済法—独占禁止法と競争政策[第9版](有斐閣アルマ・2020)
川濵昇=瀬領真悟=泉水文雄=和久井理子・ベーシック経済法—独占禁止法入門[第5版](有斐閣アルマ・2020)
シティユーワ法律事務所編・なるほど図解独禁法のしくみ[第3版](中央経済社・2010)
川濵昇=泉水文雄=武田邦宣=宮井雅明=和久井理子=池田千鶴=林秀弥・企業結合ガイドラインの解説と分析(商事法務・2008)
経済法判例・審決百選[第2版](有斐閣・2017)

序章………経済法の意義

1. 経済法とは

1 経済法とは

経済法とは、私的独占の禁止及び公正取引の確保に関する法律(本書において、以下「独占禁止法」という)、不当景品類及び不当表示防止法(以下「景品表示法」という)、下請代金支払遅延等防止法(以下「下請法」という)、および入札談合等関与行為の排除及び防止並びに職員による入札等の公正を害すべき行為の処罰に関する法律(以下「入札談合等関与行為防止法」という)といった、従来公正取引委員会によって所管されていた法令の総称である。したがって、経済法という名前の法律は存在しない。

このうち、景品表示法は、従来独占禁止法の附属法令として位置づけられてきたが、2009(平成21)年の消費者庁の設置に伴い、公正取引委員会から消費者庁の所管法令へと変わっている。このため、今後、景品表示法が経済法に含まれるといえるかは、議論の余地がある。

経済法の中心となるのは、なんといっても独占禁止法である。そこで、本書では、独占禁止法の説明を中心としつつ、他の法律については関連する分野において解説したい。

2 経済法の意義・目的

[設例]

国内の携帯電話通信事業者であるA社、B社、C社は、いずれも月額5,000円の料金プランで携帯電話の通信サービスを提供している。通信サービスの内容は3社ともほぼ同様であり、シェアにも大きな差はなかった。Xは、現在A社と契約して携帯電話を利用している。また、国内の携帯電話通信事業者は現在３社のみである。

⑴　最近になって、Ｂ社がＡ社よりよいサービス内容で月額4,500円という料金プランを提供し、シェアを伸ばした。Ｃ社はこれに対抗し、Ｂ社と同等のサービス内容で月額4,000円の料金プランを開始した。Ｘは、携帯電話の契約プランをどのように見直すべきか。解約は自由に行えるものとする。

⑵　最近になって、Ｄ社が携帯電話通信事業への参入を発表した。発表によれば、月額3,000円で３社と同様の通信サービスを提供するとのことだった。

３社は、顧客がＤ社に流れることを懸念して、現在契約している、あるいは新たに契約しようとする顧客に対し、解約すれば違約金として50,000円を申し受ける旨を伝えた。Ｄ社は、これを知って顧客獲得の見込みがないと考え、事業への参入を断念した。

３社のこのような行為によって一番困るのはだれだろうか。

経済法の意義と目的についてイメージしやすくするために、まず上の設例を考えてみてほしい。

⑴は、あえて問うまでもないが、Ａ社との契約を解約してＣ社に乗り換えるべき、ということになる。Ａ社より低価格で、よりよいサービスを提供してもらえるからである。

このように、それぞれが切磋琢磨して利益の向上を図ることは、結果的に消費者の利益にもつながる。

⑵についてはどうだろうか。Ｄ社は事業への参入を断念せざるをえなくなっているから、一番困っているのはＤ社とも思える。

しかし、長い目でみたとき、一番困るのは消費者Ｘなのである。

Ｄ社が参入を断念した場合、携帯電話を利用したい消費者は３社のどれかと契約を結ぶしかない。したがって、３社は企業努力をしなくてもある程度の顧客を獲得できる。需要につけ込んで月額料金を引き上げることもできるだろう。結果として、消費者は品質の低いサービスを高い価格で買うことを余儀なくされることになる。

契約自由の原則に委ねてこのような事態を放置すれば、消費者は購買意欲をなくし、市場経済は滞ってしまう。そこで登場するのが、独占禁止法をはじめとする経済法である。

経済法は、独占化の進行した現代の資本主義社会に対応して、契約の自由といった近代市民法の基本原則に修正を加え、経済を積極的にコントロールするための法律と位置づけられる。民法で学習するように、企業や私人の間の関係は、原則として契約の自由の原則に従い、個人の自由な意思に委ねられている。そして、国家による関与は、企業や私人が裁判所に訴えたときにはじめて生じることとなる。つまり、国家と企業や私人の間の関係では、あくまでも私人の側のイニシアティブによって、国家の関与が引きだされるのが原則となっている。

しかし、私人の間では力関係の差があるから、完全な自由に任せると、結果として不当な競争が蔓延（まん）し、かえって経済社会にとって害悪をもたらすことがある。そこで、経済法の適用によって、当事者の意思を待つことなく、国家はみずからのイニシアティブによって、企業や私人の間の経済活動に介入し、経済社会のあるべき姿を回復することが必要となる。したがって、経済法とは、契約の自由というような近代市民法の基本原則に修正を加えるものといえるのである。

独占禁止法の目的については学説上さまざまな議論があるが、1条にあるように「公正且つ自由な競争を促進」することにより、究極的には「一般消費者の利益を確保する」ことであると考えておけば足りる。この点は、正当化事由の判断基準（第1章第3節6【2】）と関連する。

デジタル・プラットフォームと独占禁止法

近年、自由な競争を促進する競争政策として、GAFA（Google、Amazon、Facebook、Appleの4社の総称）に代表される巨大IT企業に対する規制が世界的に強化されている。

GAFAに代表される巨大IT企業は、情報通信技術やデータを活用して第三者に多種多様なサービスの“場”（**デジタル・プラットフォーム**）を提供する、**デジタル・プラットフォーム事業者**としての側面をもっている。デジタル・プラットフォーム事業者は、革新的なビジネスや市場を生みだし続けるイノベーションの担い手となっており、その恩恵は、中小企業を含む事業者にとっては市場へのアクセスの可能性を飛躍的に高め、消費者にとっては便益向上につながるなど、現代社会にとって重要な存在であるといえよう。

一方で、デジタル・プラットフォーム事業者の提供するサービスは、その利用者が増えるにつれて価値が増加するようなネットワーク効果を有しているほか、データの複製・伝達に追加的な費用がほとんどかからないことから、サービスの供給量に制約がなく、規模の経済性が大きいといった特徴を有している。そして、このような特徴から、デジタル・プラットフォーム事業者のサービスは短期間で拡大し、独占化・寡占化が進みやすいとされ、独占禁止法との関係で問題が生じることが多い分野であると考えられている。

日本においても、デジタル・プラットフォーム事業者に関する公正かつ自由な競争の実現の要請は大きい。公正取引委員会は、「独占禁止法の運用に当たって、昨今のIT・デジタル関連分野における急速な技術革新や市場の成長といった環境の変化を踏まえ、いわゆるカルテルや談合といった従来の典型的な同法違反行為に対する対処にとどまらず、デジタルエコノミーに関する競争環境の整備や、イノベーションを阻害する行為への対処等、IT・デジタル関連分野における競争上の弊害について注視」していると述べており、IT・デジタル関連分野に対する関心の高さがうかがえる(公正取引委員会「(平成28年10月21日)IT・デジタル関連分野における独占禁止法違反被疑行為に係る情報提供窓口の設置について」)。

実際に、Appleに対し公正取引委員会が調査を行った事例を以下に紹介する。Appleは、自社製品上のアプリ内でアプリ開発者がデジタルコンテンツの販売等をする場合、Appleが指定する課金方法(以下「IAP」という)の使用を義務づけたうえで、売上げの15または30パーセントを手数料として徴収し、消費者をIAP以外の課金による購入に誘導するボタンや外部リンクをアプリに含める行為(いわゆるアウトリンク)を禁止していた。このような行為は、IAP以外の課金による販売方法を十分に機能しなくさせたり、デベロッパーがIAP以外の課金による販売方法を用意することを断念させたりするおそれがあり、独占禁止法上問題となりうるとされ、公正取引委員会による審査が行われてきた。これに対し、Appleは音楽配信事業等におけるリーダーアプリ(デジタル版の音楽、ビデオ等の購入済みコンテンツまたはサブスクリプションコンテンツを提供するアプリ)についてアウトリンクを許容する等の措置をとる旨の申出を行い、公正取引委員会は上記措置の実施を確認したうえで審査を終了することとした(公正取引委員会「(令和３年９月２日)アップル・インクに対する独占禁止法違反被疑事件の処理について」)。

デジタル広告に対する規制の動き

動画サイトやSNSで日常的に目にするweb上での広告(デジタル広告)の市場は、広告枠を販売するパブリッシャー、広告枠を買って広告をだす広告主、両者を仲介するYoutube等のプラットフォーム事業者(「PF事業者」)、アドテク事業者等の仲介事業者からなる。このデジタル広告市場について、近年独占禁止法上の課題が浮上している。たとえば、①PF事業者が広告主･パブリッシャーに関するデータを利益相反や自社優遇に利用するおそれがあること、②大規模ＰＦ事業者から広告主に消費者のデータが提供されないために広告の品質競争が阻害されていること、③デジタル広告のルールやシステムの一方的な変更により、取引先の事業活動の制約や取引拒絶が生じうることなどが指摘されている。

これらの課題をふまえ、令和３年２月１日、「特定デジタルプラットフォームの透明性及び公正性の向上に関する法律」(「透明化法」)が施行された。世界の潮流にあわせ、規制対象を影響力が強い大規模PF事業者に絞り、行為の事前規制をしていく。デジタル広告に透明化法が適用されれば、個別分野への対応という点で世界に先駆けた動きとなる。

2. 公正取引委員会

1 概要

経済法を構成する法令のうち、独占禁止法、下請法および入札談合等関与行為防止法は、公正取引委員会の所管法令である。公正取引委員会とは、独占禁止法等を運用するために設けられた合議制の機関であり、いわゆる行政委員会の一種である。したがって、行政組織法上は、内閣府の外局であるものの、ほかから指揮監督を受けることなく独立して職務を行うことに特色がある(28条)。なお、公正取引委員会は、公取委と略称される。

2 事件処理手続

独占禁止法違反事件における公正取引委員会による事件処理は、①事件の端緒、②端緒の調査・検討、③事件の審査、④排除措置命令、課徴金納付命令等の措置、⑤事件後の監査の順番で行われる。

このうち、①事件の端緒としては、一般からの情報提供(45条１項)、公取委による情報収集(45条４項)、課徴金減免制度による報告(７条の４、７条の５)等がある。なお、一般からの情報提供が、具体的な事実を摘示した書面により行われた場合には、公正取引委員会は、当該事件の処理結果について、申告者に通知しなければならない(45条３項)。

1. 独占禁止法の体系

独占禁止法の行為類型は、①私的独占、②不当な取引制限、③企業結合規制、および④不公正な取引方法の４つに分けることができる。このうち、④は独占禁止法上規定されるもののほか、２条９項６号の委任により制定された公正取引委員会の告示によっても規定されている。公正取引委員会の告示は、特定の業種または事業活動に適用される特殊指定と、業種の区別なく適用される一般指定とに分かれる。通常問題となるのは一般指定であるから、本書では一般指定の定める類型のみを解説する。

2. 独占禁止法の条文構造

独占禁止法の条文は、企業結合規制を除き、行為類型の定義規定と禁止規定が異なる条文に定められている点に注意したい。たとえば、私的独占については、2条5項が「私的独占」を定義したうえで、3条前段が当該定義に該当する行為を禁止している。また、不当な取引制限については、2条6項が「不当な取引制限」を定義し、3条後段がこれを禁止する。不公正な取引方法については、2条9項各号および一般指定により行為の定義が定められ、19条が当該行為を禁止している。このように、独占禁止法は条文構造が特徴的であるため、初学者段階では条文操作には十分慣れておくことが必要といえる。

3. 基本概念

1 「事業者」

独占禁止法の適用対象の多くは、「事業者」である(3条、19条等参照)。独占禁止法は、事業者を、「商業、工業、金融業その他の事業を行う者」(2条1項)であると定義している。具体的には、「なんらかの経済的利益の供給に対応し反対給付を反復継続して受ける経済活動」をする者をいい、その「主体の法的性格は問うところではない」と解釈されている(最判平成元年12月14日民集43巻12号2078頁〔百選1事件〕)。

したがって、国や地方公共団体は、商法上の商人でなくても、経済活動を行っている場合には「事業者」にあたる。また、医師、弁護士、建築士、タレントなどの自由業についても、基本的には「事業者」にあたると考えられている。

2 「事業者団体」

【1】「事業者団体」とは

「事業者団体」の活動に対しても、独占禁止法が適用されることがある(8条参照)。「事業者団体」とは、「事業者としての共通の利益を増進することを主たる目的とする2以上の事業者の結合体又はその連合体」をいう(2条2項)。たとえば、医師会などの業界団体がこれにあたる。

「事業者団体」といえるためには、当該団体が構成員である事業者とは区別された別個の社会的存在として認識しうるものであることが必要である。具体的には、「事業者団体」自身による意思決定が必要である。そして、ここでいう意思決定は、「事業者団体」の正規の意思決定機関の議事を経た明示の決定のようなものにかぎられず、慣行等に基づく事実上の決定も含まれる(事業者団体の活動に関する独占禁止法上の指針、審判審決平成7年7月10日審決集42巻3頁〔百選36事件〕)。

【2】規制の趣旨

事業者団体は、特に、不当な取引制限(カルテル、2条6項、3条後段)をはじめとする競争制限行為の温床となりやすい。たとえば、カルテルが業界団体を利用して行われることを想起されたい。このため、独占禁止法は、事業者団体による不当な取引制限や不公正な取引方法(19条)に該当する行為について、独立した規制の対象としている。「事業者団体」を規制することにより、直接事業者団体に対して排除措置等を命じることができるため、効果的に違法行為を抑止できるのである。

もっとも、協同組合などがカルテルを行った場合、事業者団体規制である8条と不当な取引制限である2条6項、3条後段の両方の要件をみたすことが多く、この場合、後者の適用で足りる。このため、事業者団体規制の適用例は、今日ではそれほど多くはない。

【3】規制類型

(1)一定の取引分野における競争の実質的制限(8条1号)

不当な取引制限(3条後段)にあたる行為が、「事業者団体」によってなされた場合に適用される規定である。基本的には、不当な取引制限に関する議論が妥当する。もっとも、1号は、排除・支配や相互拘束・共同遂行という行為要件および反公益要件がない点で3条後段とは異なる。したがって、1号の適用対象は、3条後段よりも広いといえる。このため、具体的な事案において、8条1号と3条後段の両方に該当しうるような場合には、基本的には3条後段を検討すれば足りるだろう。詳細な区別の方法については、第3章1節4において説明する。

(2)国際的協定・契約の締結(8条2号)

2号は、事業者団体が6条に規定する国際的協定や国際的契約を締結することを禁止するものである。適用事例が存在せず、試験上の重要性も低いため、本書では説明を省略する。

(3)数の制限(8条3号)

ア　概要

3号は、事業者団体の統制力がアウトサイダーの不当な排除に利用されてきた実態にかんがみ、一定の事業分野における現在または将来の事業者の数を制限することを禁止するものである。

「一定の事業分野」とは、同種または類似の商品役務を供給しうる一群の事業者の範囲をいう。「一定の取引分野」と異なり、もっぱら供給者側に着目した概念である。

「現在又は将来の事業者の数を制限する」とは、一般に事業活動の継続や新規参入が困難な状態にすることをいい、市場からの完全な排除や、新規参入が不可能あるいは著しく困難になったことまでは必要ない。

イ　審決例

本号の違反事例は、①事業者団体が構成員の取引相手を利用してアウトサイダーを排除する場合と、②事業活動に不可欠の施設・情報を事業者団体が管理あるいは支配していることを利用してアウトサイダーを排除する場合とに大別される。

①の典型としては、事業者団体が構成事業者の取引先に対し、非構成員から商品を購入しないように圧力をかける行為(間接ボイコット)があげられる。この行為自体は後述する5号に該当する行為だが、これによって一般に事業活動の継続が困難になったり新規参入が困難な状態に陥ったりした場合には、3号に該当する。

②の典型としては、団体に加入しなければ事業活動を行うことが困難な状況において、過大な入会金等を要求したり、既存事業者との距離制限を設けたり、新規開設制限を設けたりすることがあげられる(東京高判平成13年2月16日審決集47巻545頁〔百選37事件〕)。

★重要判例(東京高判平成13年2月16日審決集47巻545頁〔百選37事件〕)

「医師会の会員でなければ開業することが不可能又は著しく困難であるという状況にまで至らなくても、医師会の会員でなければ開業することが一般に困難な状況があれば、Xに加入できない又は除名されるということが医療機関の開設等を事実上抑制することは明かである。……Xに加入しないと、Xの提供する各種便宜を受けられず、診療面で他の会員医師の協力を求めることが困難であり、A地区においてXに加入していない開業医はXから事実上除名された一人のみであり、また、……Xから不同意の決定を受けた者は医療機関の開設等を断念し、条件付きの同意又は留保の決定を受けた者は当該決定に従っていることに照らせば、A地区においてXに加入しないで開業することは一般に困難な状況にあり、Xに加入できない又は除名されるということが医療機関の開設等を事実上抑制する効果を有するというべきである。」

⑷機能・活動の不当な制限(8条4号)

ア　概要

4号は、事業者団体が価格制限や数量制限といったカルテルの温床となりやすいことにかんがみ、競争の実質的制限にいたらない競争阻害効果を生じさせる行為を禁止して、3条後段や8条1号を補完する役割を果たすものである。

典型例は、価格制限行為や数量制限行為のほか、取引先や販路の制限行為のように価格や数量に間接的な影響を及ぼす行為である。

「機能又は活動」とは、広く事業活動全般をさす。また、「不当に」とは、自由競争減殺を意味する公正競争阻害のおそれをいうと理解しておけばよい。詳細は、公正競争阻害性の項目(本節5)において説明する。

イ　審決例

4号は、8条1号を適用するにはいたらない場面で適用されることが多い。たとえば、価格制限や数量制限に関するカルテルがされたが、市場占拠率が小さかったために競争を実質的に制限するにはいたらなかったものがあげられる(岡山被服工業組合事件、勧告審決昭和48年6月29日審決集20巻41頁)。

また、取引先の奪い合いを制限するカルテルによって、構成事業者の取引先選択の自由を制限し、間接的に競争を阻害したとして、4号が適用されたケースもある(東日本おしぼり協同組合事件、勧告審決平成7年4月24日審決集42巻119頁〔百選41事件〕)。

⑸不公正な取引方法の勧奨(8条5号)

ア　概要

5号は、事業者に対して不公正な取引方法に該当する行為をさせるようにすることを禁止するものである。「させるようにする」とは勧奨を意味し、必ずしも強制による必要はない。また、現実に事業者が不公正な取引方法に該当する行為をしたか否かは問わない。

「構成事業者」ではなく「事業者」とされていることから、不公正な取引方法に該当する行為の勧奨の相手方は、構成事業者にかぎられない。したがって、事業者団体が構成事業者の取引相手に対して不公正な取引方法に該当する行為を勧奨した場合も、本号に該当しうる。

1号や4号と重複する場面が多いため、5号が独自の意義をもつのは、構成事業者以外の事業者による競争を阻害する行為がされ、しかも競争の実質的制限の立証が困難な場面にかぎられる。

イ　審決例

審決例の大半は、⑶イ①の典型としてあげたような間接ボイコット、すなわち構成事業者の取引先に対し非構成員と取引しないように圧力をかける行為が問題となっている(前掲平成7年勧告審決)。

3 「一定の取引分野」

【1】概要

独占禁止法の規定をみると、どの規定も「一定の取引分野」における競争制限行為を問題にしていることがわかる。「一定の取引分野」というのは、端的にいえば、法適用が問題となる市場のことである。理論的には、市場の範囲を広くとれば、行為者の市場シェアは小さくなり、結果として競争制限行為であると認められにくくなる。また、逆に、市場の範囲が狭ければ、競争制限行為であると認められやすくなる。したがって、実際の適用事例においては、「一定の取引分野」をどのように画定するかが、重要な問題となることが多い。

もっとも、「一定の取引分野」とは、一義的に定まるものではなく、理論的には1つの事案について複数の市場が画定されうる。このうち、実際の事案で問題とされるのは、違法とされやすい一番狭い市場ということができる。

【2】意義

「一定の取引分野」とは、競争が行われる場をいい、一定の供給者群と需要者群によって構成される。具体的には、①商品の範囲および②地理的範囲について、基本的には需要者にとっての代替性、必要に応じて供給者にとっての代替性から判断される。

各考慮要素の具体例は、企業結合規制の解説における市場画定の考え方において詳述しているので、第4章第4節を参照してほしい。

4 競争の実質的制限

【1】概要

不当な取引制限、私的独占、企業結合規制においては、対市場効果要件として「競争を実質的に制限」することが必要とされている。なお、企業結合規制では、正確には「競争を実質的に制限することとなる」という条文の規定になっており、考慮要素が若干異なるが、ここでは理解の促進のため、同じ考え方をすると考えてよい。

「競争を実質的に制限」するとは、競争自体が減少し、特定の事業者または事業者集団がその意思で、ある程度自由に、価格・品質・数量その他各般の条件をある程度自由に操作できる状態をもたらすこと、すなわち市場支配力を形成・維持・強化することをいう。

競争の実質的制限が認められるか否かは、以下の事情を総合的に考慮して決する。

【2】競争の実質的制限の検討

市場支配力の形成・維持・強化は、競争者が行為者に協調して競争が回避されるか、競争者が市場から排除されることによって実現される。具体的な事案の検討の際には、

1－1　競争の実質的制限における考慮要素

考慮要素	
行為者の地位および競争者の状況	行為者の市場シェアおよびその順位
	市場における競争の状況
	競争者の状況
潜在的競争圧力（輸入・参入・隣接市場）	制度上の障壁の程度
	実態面での障壁の程度
	行為者の商品との代替性の程度
需要者の対抗的な交渉力	需要者の交渉能力・競争圧力
その他の事情	総合的な事業能力
	効率性
	消費者利益の保護に関する特段の事情

表の各考慮要素が競争にもたらす影響を意識することがきわめて重要である。以下、各考慮要素が競争に与える影響について概観する。

⑴行為者の地位および競争者の状況

行為者のシェアが大きいことは、市場での取引規模が大きい有力な事業者であることを意味する。有力な事業者が競争制限行為をすれば、それだけ競争が回避される範囲も広くなるため、競争の実質的制限が認定されやすい。市場における行為者のシェア・地位は、競争の実質的制限を検討するうえで出発点となる。

また、行為者と競争者とのシェア格差が大きい場合や競争者の供給余力が乏しい場合には、競争者が牽制力として機能することは期待できない。行為者が対象商品の供給数を減らして価格を引き上げようとするとき、競争者としてはコストをかけて追加供給するよりも行為者に協調して値上げしたほうが利益を増やすことができるからである。

したがって、この場合には競争回避による競争の実質的制限が認定されやすい。

⑵潜在的な競争圧力

輸入市場・新規参入者・隣接市場が競争圧力として機能する場合、競争を回避することができず、競争の実質的制限が否定されうる。

輸入業者による競争圧力（輸入圧力）が強いほど、国内市場における競争は活発化する。他方、輸送費の高さや品質の悪さなどが理由で、輸入品があまり国内市場で購入されていないといった事情により輸入圧力が弱い場合には、競争回避による競争の実質的制限が認定されやすくなる。

市場への新規参入者が多い場合には、既存業者はこれへの対抗を意識しなければならなくなるため、必然的に市場における競争は活発化する。他方、参入障壁が高く、新規参入が困難といえる場合には、新規参入圧力が弱いといえ、競争回避による競争の実質的制限を認定しやすくなる。参入障壁としては、法令等による規制がある場合や、参入のための必要資本量が大きく、立地条件、技術条件、原材料調達の条件、販売面の条件等において、新規参入者が既存業者に比べて不利な状況におかれている場合などが考えられる。

隣接市場の商品との代替性が高い場合には、需要者は隣接業者の商品に容易に切り替えることができる。したがって、この場合には既存業者は隣接業者への対抗を意識しなければならなくなるため、市場の競争は活発化する。他方、隣接業者が既存業者の商品と同等の品質の商品を同等の品揃えで製造販売することが困難である場合や、需要者の使い慣れといった事情により隣接業者の商品が需要者によって選択されにくい場合には、隣接市場からの圧力は弱いといえ、競争回避による競争の実質的制限を認定しやすくなる。

⑶需要者の対抗的な交渉力

需要者が容易に取引先を変更できる場合、需要者は行為者に対し取引先の変更を示唆して価格引下げ等の圧力をかけることが可能である。これは、ほかより有利な取引条件を提示した事業者が顧客を獲得できる状態にあることを意味する。したがって、競争者に競争的行為にでるインセンティブがはたらくから、行為者が価格を維持することは困難になり、競争の実質的制限が否定されうる。他方で、需要者が取引先を変更することが困難であるなどの事情により、行為者に対して対抗的な交渉力を有していない場合には、競争者もあえて競争的行為にでることはしないため、行為者は価格を維持しやすくなる。

したがって、この場合には、需要者からの競争圧力が弱いといえ、競争の実質的制限を認定しやすくなる。

⑷その他の事情

行為者が事業能力や事業効率を向上させ、より競争的な行動をとることが見込まれる場合や、当該行為が安全、健康といった一般消費者の利益につながる場合などには、競争の実質的制限が否定されうる。

5 公正競争阻害性

不公正な取引方法における対市場効果要件は、競争の実質的制限ではなく、公正競争阻害性である。

【1】不当性の程度

不公正な取引方法における公正競争阻害性については、条文上必ずしも明示されていない点に注意が必要である。条文上、「公正な競争を阻害するおそれ」との文言がない2条9項1号から5号までにおいては、「正当な理由がない」や「不当に」の文言に公正競争阻害性が読み込まれる。そして、「正当な理由」「不当」といった文言の違いに対応して、行為の不当性の程度が異なると考えられている。

「正当な理由がない」と規定されている類型については、行為要件をみたす場合、原則として違法の結論になる。このため、公正競争阻害性の検討においては、正当化事由があるかどうかが争点となる。

これに対し、「不当」とされている類型は、行為要件をみたしたとしても、原則として違法とはならず、公正競争阻害性の検討においては不当性があるかを別途認定しなければならない。なお、「正常な商慣習に照らして不当」と定められている場合は、「不当」とだけ定められている類型と基本的に同じであり、原則として違法とはならない。もっとも、不当性の検討にあたっては、「正常な商慣習」が判断基準になる点が特徴である。

1－2　不当性の程度

①「正当な理由がない」
　＝原則違法　→正当化事由が争点
②「不当」
　＝原則違法ではない　→不当性が争点
③「正常な商慣習に照らして不当」
　＝②と同じであるが、判断に際して「正常な商慣習」を勘案する

【2】公正競争阻害性の内容

公正競争とは、①事業への参加や事業者間の相互競争が妨げられない自由な競争が行われていること、②自由な競争が価格・品質・サービスを中心とした公正な競争手段によって秩序づけられていること、③取引主体が取引の諾否や取引条件について自

由かつ自主的に判断して取引するという自由競争基盤が確保されていること、が実現されている状態をいう。これらが阻害される場合に、公正競争阻害性が認められる。

⑴自由競争減殺

①が阻害される場合、自由競争減殺による公正競争阻害性が問題となる。自由競争減殺とは、市場支配力を形成・維持・強化するおそれを生じさせることをいう。

自由競争減殺は、競争の実質的制限と同じく、競争を回避することによって生じる場合と競争を排除することによって生じる場合とに大別される。

競争を回避する場合とは、販売価格の制限や販売地域の制限によって競争活動を自由に行えなくさせ、市場支配力の形成・維持・強化のおそれを生じさせる場合をいう。

競争を排除する場合とは、効率性に基づかない行為によって競争者を市場から退場させたり、競争者の取引費用を引き上げて競争圧力を弱めたりすることによって、市場支配力の形成・維持・強化のおそれを生じさせる場合をいう。

⑵競争手段の不公正

②が阻害される場合、競争手段の不公正による公正競争阻害性が問題となる。たとえば、顧客をだましてみずからの商品を購入させる欺まん的顧客誘引（2条9項6号ハ・一般指定8項）のように、ビジネス手法の不当性を問題にするものである。競争への影響を直接問題にしていない点で、①の自由競争減殺とは異質の規制といえる。

⑶自由競争基盤の侵害

③が阻害される場合、自由競争基盤の侵害による公正競争阻害性が問題となる。みずからの地位が取引相手にとって圧倒的優位にあることを不当に利用して自己の要求を押しつける優越的地位の濫用（2条9項5号）のように、当事者間で競争自体成立していない状況を利用して取引相手から搾取することを問題にするものである。

6 正当化事由・「公共の利益」

【1】概要

かりに競争の実質的制限や公正競争阻害性が認められる行為であっても、当該行為に公益目的があることにより正当化される余地がある。これは、私的独占や不当な取引制限の条文上、「公共の利益に反して」との定めがあることからもうかがわれる。

もっとも、行為類型によっては「公共の利益に反して」との文言が条文上明示されていないものもある。そこで、正当化事由については、競争の実質的制限や公正競争阻害性の要件のなかで検討されるべきであり、「公共の利益に反して」の要件において論じるべきではないとの考えが有力である。この考えによる場合には、正当化事由が認められる場合には、競争の実質的制限ないし公正競争阻害性の要件該当性を欠くとの結論になる。なお、競争の実質的制限等の要件のなかで検討する場合には、形式的には競争の実質的制限等に該当することをまず認定したうえで、その次に正当化事由の有無を検討するというように、何を論じているかを明確に分けて検討するべきである。

ここでのポイントは、どの要件で考慮するかについては議論があるが、正当化事由によって行為者の行為が正当化され独占禁止法上違法とされない場合があるということを覚えておくことである。

【2】正当化事由の判断基準

正当化事由の判断基準について、これまでの判例(最判昭和59年2月24日刑集38巻4号1287頁〔百選5事件〕)や裁判例(東京地判平成9年4月9日審決集44巻635頁〔百選6事件〕)をまとめると、次のようになる。

すなわち、形式的には「競争を実質的に制限」する行為に該当する場合であっても、独占禁止法の保護法益である自由競争経済秩序の維持と当該行為によって守られる利益とを比較衡量して、「一般消費者の利益を確保するとともに、国民経済の民主的で健全な発達を促進する」という独占禁止法の究極の目的(1条)に反しないと認められる例外的な場合には、当該行為は公共の利益に反せず、実質的には「競争を実質的に制限」する行為にあたらないというべきである。具体的には、①目的が競争政策上是認しうるものであり、かつ②その内容・実施方法が目的達成のために合理的であるか否かにより判断される。

★重要判例(最判昭和59年2月24日刑集38巻4号1287頁〔百選5事件〕)

「独禁法の立法の趣旨・目的及びその改正の経過などに照らすと、同法2条6項にいう『公共の利益に反して』とは、原則としては同法の直接の保護法益である自由競争経済秩序に反することを指すが、現に行われた行為が形式的に右に該当する場合であっても、右法益と当該行為によって守られる利益とを比較衡量して、『一般消費者の利益を確保するとともに、国民経済の民主的で健全な発達を促進する』という同法の究極の目的(同法1条参照)に実質的に反しないと認められる例外的な場合を右規定にいう『不当な取引制限』行為から除外する趣旨と解すべき」である。

★重要判例(東京地判平成9年4月9日審決集44巻635頁〔百選6事件〕)

「形式的には『一定の取引分野における競争を実質的に制限する行為』に該当する場合であっても、独禁法の保護法益である自由競争経済秩序の維持と当該行為によって守られる利益とを比較衡量して、『一般消費者の利益を確保するとともに、国民経済の民主的で健全な発展を促進する』という同法の究極の目的(同法1条)に実質的に反しないと認められる例外的な場合には、当該行為は、公共の利益に反さず、結局、実質的には『一定の取引分野における競争を実質的に制限する行為』に当たらないものというべきである……。

したがって、……本件自主基準設定の目的が、競争政策の観点から見て是認しうるものであり、かつ、基準の内容及び実施方法が右自主基準の設定目的を達成するために合理的なものである場合には、正当な理由があり、不公正な取引方法に該当せず、独禁法に違反しないことになる余地があるというべきである。

さらに、自由競争経済秩序の維持という法益と、本件妨害行為により守られる法益を比較衡量して、独禁法の究極の目的に反しない場合には、公共の利益に反さず、不当な競争制限に該当せず、独禁法に違反しないことになる余地があるというべきである。」

【3】正当化事由の具体例

正当化事由として問題となるものは、事案により多岐にわたる。もっとも、典型的に問題となるものとして、事業経営上の必要性・合理性、物価安定等の公益的目的、安全性、健康、環境保護などがあげられる。たとえば、ガス機器販売業者が、一酸化炭素中毒による重大事故を防止するために不完全燃焼防止装置付きのガス機器への買い替えを促すべく、このガス機器をきわめて低廉な価格で販売するような場合には、安全性への配慮という正当化事由が認められる可能性がある。以下、典型的な正当化事由について、具体的に検討する。

⑴事業経営上の必要性・合理性

公正競争阻害性を判断するにあたり、当該行為が事業経営上必要あるいは合理的であることが、正当化事由となるかが問題となる。判例(最判昭和50年7月11日民集29巻6号951頁)は、「単に……事業経営上必要あるいは合理的であるというだけでは、……『正当な理由』があるとすることはできない」とした。経営上の必要性・合理性といった主張は、独占禁止法違反を問われた企業から主張されることが多い。しかし、企業の行為は、当該企業にとってなんらかの必要性・合理性があって行われるのが通常である。したがって、合理性・必要性があるというだけで正当化することはできないだろう。

★重要判例(最判昭和50年7月11日民集29巻6号951頁)

「『正当な理由』とは、専ら公正な競争秩序維持の見地からみた観念であって、当該拘束条件が相手方の事業活動における自由な競争を阻害するおそれがないことをいうものであり、単に事業者において右拘束条件をつけることが事業経営上必要あるいは合理的であるというだけでは、右の『正当な理由』があるとすることはできないのである。」

⑵公益的目的

公益的目的によることが正当化事由となるかにつき、判例(最判平成元年12月14日民集43巻12号2078頁〔百選59事件〕)は、物価安定等の公益的目的と、市場における競争実態等の諸事情を総合考慮して、公正競争阻害性を否定している。判例は、公正競争阻害性は否定したものの、総合考慮する際の考慮要素として、行為の意図・目的をあげていることから、公益的目的によることは、正当化事由として考慮要素のひとつになりうるといえるだろう。

★重要判例(最判平成元年12月14日民集43巻12号2078頁〔百選59事件〕)

「『不当に』ないし『正当な理由がないのに』なる要件に当たるかどうか、換言すれば、不当廉売規制に違反するかどうかは、専ら公正な競争秩序維持の見地に立ち、具体的な場合における行為の意図・目的、態様、競争関係の実態及び市場の状況等を総合考慮して判断すべきものである。」

⑶安全性の確保

商品等の安全性を確保するためであることが正当化事由となるかにつき、判例(大阪高判平成5年7月30日審決集40巻651頁〔百選64事件〕)は、「商品の安全性の確保は、……一般消費者の利益に資するもの」であるとし、「『不当に』なされたかどうかを判断するに当たり、考慮すべき要因の一つである」とした。安全性の確保は競争の前提であるから、比較的正当化事由として認められやすいといえる。

★重要判例(大阪高判平成5年7月30日審決集40巻651頁〔百選64事件〕)

「商品の安全性の確保は、直接の競争の要因とはその性格を異にするけれども、これが一般消費者の利益に資するものであることはいうまでもなく、広い意味での公益に係わるものというべきである。したがって、当該取引方法が安全性の確保のため必要であるか否かは、右の取引方法が『不当に』なされたかどうかを判断するに当たり、考慮すべき原因の一つである。」

7 その他の法令との関係・国外における独占禁止法の適用

【1】独占禁止法と知的財産法との関係

知的財産法とは、発明や著作物のように人の創造的活動により生みだされるもの、商標や商号のように事業活動に用いられて商品役務を表示するもの、営業秘密やノウハウのように事業活動上有用な情報といった、知的財産(知財基2条参照)について保護を与える法律の総称である。知的財産に独占的な権利を認める点で、独占禁止法とは対立関係にあるように思われるが、究極的には産業の発達に寄与することを目的とする観点からは、むしろ独占禁止法とは相互に補完関係にあるといえる。もっとも、時として知的財産法上の問題と独占禁止法上の問題とが緊張関係に立つこともある。独占禁止法21条が、知的財産権の行使について独占禁止法の適用除外を認めるかたちで両者の調整を図っている。詳しくは、本書同シリーズ『知的財産法[第5版]』(弘文堂)第6章を参照してほしい。

【2】独占禁止法と個人情報保護法

オンラインショッピングモールやSNS等のサービスを提供する、いわゆるデジタル・プラットフォーム事業者は、個人情報等の取得・利活用によって事業を拡大する傾向にある。

個人情報等のデータは有用である反面、利活用の方法によっては大きな不利益を及ぼす場合がある。ところが、デジタル・プラットフォーム事業においては、代替するサービスを提供できる事業者が存在しないなどの理由により、サービスを利用したい消費者が個人情報等の利活用に伴う不利益を受け入れざるをえないような状況が生じやすい。

このような状況にかんがみ、公正取引委員会は、消費者に不利益を与えるような個人情報等の取得または利用がなされ、これが公正かつ自由な競争に悪影響を及ぼす場合には、優越的地位の濫用(第5章第7節参照)として独占禁止法上の問題が生じうるとの立場を示した(公正取引委員会「デジタル・プラットフォーム事業者と個人情報等を提供する消費者との取引における優越的地位の濫用に関する独占禁止法上の考え方」令和元年12月17日)。たとえば、利用目的を消費者に知らせずに個人情報を取得する行為や、取得した個人情報を消費者の同意を得ることなく第三者に提供・販売する行為等が問題となりうる。

もっとも、公正取引委員会はいかなる情報が個人情報等にあたるか明らかにしておらず、運用によっては現行の個人情報保護法に対する上乗せ規制ともなりかねないとの懸念がある。デジタル・プラットフォーム事業者の台頭により、独占禁止法の領域と個人情報保護法の領域が交差する局面が生じている。

【3】海外の取引における独占禁止法の適用

交通インフラやインターネットの発達により、取引は国境を越えて行われることが当たり前になっている。それゆえ、海外の市場で行われた取引が日本の市場において悪影響をもたらすことがある。この場合、外国の事業者が外国で行った取引に日本の独占禁止法を適用できるかという、いわゆる独占禁止法の域外適用の可否が問題となる。詳細は割愛するが、市場のグローバル化により、日本の独占禁止法の適用が海外の取引との関係でも問題となりうることは記憶にとどめておいてほしい。

1. 私的独占規制の概要

［設例］

音楽放送の提供事業を営むX社は、国内における業務店向け音楽放送の受信契約件数において、70パーセントのシェアを有している。X社はライバル会社であるY社の顧客に向けた破格の安値での販売キャンペーンにより、Y社の顧客を大量に奪った。その結果、Y社の市場シェアは26パーセントから20パーセントまで大きく低下した。X社の行為は、独占禁止法上違法となるか。

1 概要

【1】私的独占とは

私的独占とは、「事業者が、単独に、又は他の事業者と結合し、若しくは通謀し、その他いかなる方法をもってするかを問わず、他の事業者の事業活動を排除し、又は支配することにより、公共の利益に反して、一定の取引分野における競争を実質的に制限すること」をいう（2条5項）。

私的独占には、「排除」によるものと、「支配」によるものの2種類がある。このうち、前者は排除型私的独占（2条5項前段）、後者は支配型私的独占（2条5項後段）とよばれる。

私的独占は、従前は課徴金の対象とはされていなかったが、2005（平成17）年と2009（平成21）年の法改正により課徴金が導入され、その際に、排除型であるか支配型であるかによって課徴金の算定率に違いが生じることとなった。具体的には、排除型私的独占は6パーセント（7条の9第2項）であるのに対し、支配型私的独占は10パーセント（7条の9第1項）とされている。これにより、従来に比べて、排除型であるか支配型であるかの判断が実務上重要になったといえるだろう。

【2】不公正な取引方法との関係

私的独占の「排除」または「支配」行為は、不公正な取引方法として規定される行為と事実上重複することが多い。不公正な取引方法に該当する行為が複数行われている場合に、私的独占に関する規定を適用することにより、いわゆる合わせ技一本の規制が可能になるといわれている。

私的独占と不公正な取引方法の行為要件をいずれもみたす場合には、競争の実質的制限があれば私的独占が成立し、公正競争阻害性が認められるにとどまれば不公正な取引方法が成立することとなる。競争の実質的制限が認められるかの目安は、行為者の市場シェアが50パーセント以上であることといわれる。

もし、競争の実質的制限が認められる場合には、私的独占と不公正な取引方法のいずれにも該当しうることとなる。この場合には、私的独占に関する規定を優先的に適用するべきとされてきた。これは、私的独占のほうが課徴金の算定率も高く、法的効果が重いと考えられていることによる。

【3】不当な取引制限との関係

複数の事業者によって私的独占がされる場合、「通謀」、「結合」その他の方法によって行われることとなる。ここでは、「通謀」とは意思の連絡、「結合」とは企業結合のことが想定されている。意思の連絡は、不当な取引制限における「共同」性の議論（第3章第2節1）と同様に考えられている。

複数の事業者による私的独占は、同時に不当な取引制限の要件をみたすことがある。このような場合には、理論上は各規定の同時適用が可能と考えられている。もっとも、実務上の運用としては、いずれかの規定のみを適用するのが通常である。以下の審決例（勧告審決平成8年5月8日審決集43巻209頁〔百選14事件〕）は、私的独占と不当な取引制限の両方の要件に該当しうると評価されている事案であるが、公正取引委員会は私的独占に関する規定のみを適用した。

★重要判例（勧告審決平成8年5月8日審決集43巻209頁〔百選14事件〕）

「X_1協会及びX_2社は、61年協定及び登録方針に従い、医療用食品の登録制度、製造工場認定制度及び販売業者認定制度を実施することによって、医療用食品を製造又は販売しようとする事業者の事業活動を排除するとともに医療用食品の製造業者の販売先並びに医療用食品の販売業者の仕入先、販売先、販売価格、販売地域及び販売活動を制限してこれらの事業者の事業活動を支配することにより、公共の利益に反して、我が国における医療用食品の取引分野における競争を実質的に制限していたものであって、これは、独占禁止法第2条第5項に規定する私的独占に該当し、同法第3条の規定に違反するものである。」

2 規制の現状

公正取引委員会が私的独占にあたるとして審決を行った件数は、他の規制類型と比較しても目立って少ない。もっとも、近時の判例(最判平成27年4月28日民集69巻3号518頁〔百選8事件〕)や排除措置命令では、私的独占に関する規定を適用するものも現れている。

★重要判例(最判平成27年4月28日民集69巻3号518頁〔百選8事件〕)

「本件行為が独占禁止法2条5項にいう『他の事業者の事業活動を排除』する行為に該当するか否かは、本件行為につき、自らの市場支配力の形成、維持ないし強化という観点からみて正常な競争手段の範囲を逸脱するような人為性を有するものであり、他の管理事業者の本件市場への参入を著しく困難にするなどの効果を有するものといえるか否かによって決すべきものである……。そして、本件行為が上記の効果を有するものといえるか否かについては、本件市場を含む音楽著作権管理事業に係る市場の状況、参加人及び他の管理事業者の上記市場における地位及び競争条件の差異、放送利用における音楽著作物の特性、本件行為の態様や継続期間等の諸要素を総合的に考慮して判断されるべきものと解される。」

「参加人の本件行為は、本件市場において、音楽著作権管理事業の許可制から登録制への移行後も大部分の音楽著作権につき管理の委託を受けている参加人との間で包括許諾による利用許諾契約を締結しないことが放送事業者にとっておよそ想定し難い状況の下で、参加人の管理楽曲の利用許諾に係る放送使用料についてその金額の算定に放送利用割合が反映されない徴収方法を採ることにより、放送事業者が他の管理事業者に放送使用料を支払うとその負担すべき放送使用料の総額が増加するため、楽曲の放送利用における基本的に代替的な性格もあいまって、放送事業者による他の管理事業者の管理楽曲の利用を抑制するものであり、その抑制の範囲がほとんど全ての放送事業者に及び、その継続期間も相当の長期間にわたるものであることなどに照らせば、他の管理事業者の本件市場への参入を著しく困難にする効果を有するものというべきである。」

第2章………私的独占

2. 行為要件

1 概要

私的独占の行為要件は、排除型私的独占においては「排除」であり、支配型私的独占においては「支配」である。このように、私的独占では行為要件によって、類型が異なることになるため、行為要件の解釈が重要となる。ただし、以下の審決例(勧告審決平成10年3月31日審決集44巻362頁〔百選15事件〕)のように、排除型私的独占と支配型私的独占の両方が成立することもある。

★重要判例(勧告審決平成10年3月31日審決集44巻362頁〔百選15事件〕)

「X社は、財務局発注の特定医療用ベッドの指名競争入札等に当たり、都立病院の入札事務担当者に対し、同社の医療用ベッドのみが適合する仕様書の作成を働きかけるなどによって、同社の医療用ベッドのみが納入できる仕様書入札を実現して、他の医療用ベッドの製造業者の事業活動を排除することにより、また、落札予定者及び落札予定価格を決定するとともに、当該落札予定者が当該落札予定価格で落札できるように入札に参加する販売業者に対して入札価格を指示し、当該価格で入札させて、これらの販売業者の事業活動を支配することにより、それぞれ、公共の利益に反して、財務局発注の特定医療用ベッドの取引分野における競争を実質的に制限しているものであって、これらは、独占禁止法第2条第5項に規定する私的独占に該当し、独占禁止法第3条の規定に違反するものである。」

2 排除型私的独占

【1】「排除」

(1)意義

「排除」とは、他の事業者の事業活動を継続困難にし、または新規参入を困難にすることをいう。もっとも、完全に他の事業者が市場から駆逐されたり、新規参入が完全に阻止されたりすることまでは要求されない。また、行為主体たる事業者と排除の対象となる事業者とが、同一の市場に属すること、すなわち競争関係にあることは必要とされていない。

加えて、「排除」はあくまでも行為要件であるから、他の事業者が排除されているという結果それ自体ではなく、そのような結果をもたらす行為をさす点に注意したい。ただし、判例(最判平成22年12月17日民集64巻8号2067頁〔百選7事件〕)でもそうであるように、「排除」行為にあたるかどうかの認定が、当該行為によりもたらされた競争制限の結果と事実上連動する側面があることは否定できないとされている。

⑵正常な事業活動との区別

企業が、コスト削減や研究開発といった正常な事業活動によって、ライバル会社より良質・廉価な商品等を提供した結果、ライバル会社が競争に負けて市場から撤退することがある。これも、結果からみれば「排除」にあたるようにも思われる。しかし、このような企業の正常な努力まで禁止することが、「公正且つ自由な競争を促進」(1条)することを目的とする独占禁止法の趣旨にそぐわないことは明白である。そこで、このような正常な事業活動を違法な排除行為と区別するため、「排除」とは、人為的な反競争的行為にかぎられると考えられている。

【2】効率によらない排除

私的独占における「排除」とは、効率によらない排除、すなわち価格の安さや品質の良好さに基づくような企業努力とはいえない手段による他の事業者の排除であるとする理論がある。

これは、アメリカにおける議論を参考にしたものであり、人為的な反競争的行為を具体化したものとして位置づけられる。

【3】「排除」行為の典型例

排除型私的独占ガイドラインは、私的独占における「排除」行為の典型例として、①商品を供給しなければ発生しない費用を下回る対価設定、②排他的取引、③抱き合わせ、および④供給拒絶・差別的取扱いという4つの行為類型をあげる(排除型私的独占ガイドライン　第2・1(2))。もちろん、「排除」にあたる行為はこれらにかぎられるものではない。しかし、実際の規制事例が多い行為をまとめたものであるから、まずはこの4類型をおさえたい。

2－1 「排除」行為の４類型

①商品を供給しなければ発生しない費用を下回る対価設定
　―不当廉売（２Ⅸ③、２Ⅸ⑥ロ・一般指定Ⅵ）に対応
②排他的取引
　―排他条件付取引（２Ⅸ⑥ニ・一般指定Ⅺ）に対応
③抱き合わせ
　―抱き合わせ取引（２Ⅸ⑥ハ・一般指定Ⅹ）に対応
④供給拒絶・差別的取扱い
　―その他の取引拒絶（２Ⅸ⑥イ・一般指定Ⅱ）に対応

【4】「排除」の意図

⑴「排除」行為との関係

私的独占規制は、競争へ悪影響がある行為を禁止するものであるから、行為者が排除の意図を有しているかといった主観的要素は、排除行為が成立するための不可欠の要件ではない。もっとも、排除の意図をもって行われる行為は、結果として排除の効果をもたらす可能性が高い。そこで、排除の意図は排除行為の存在を推認するための重要な事実になると考えられている。

⑵行為の一体性

また、排除の意図が存在することにより、複数の行為につき、まとめて排除する意図を実現するための一連かつ一体的な行為と認定しうる場合もあるとされる。すなわち、排除の意図は、行為の一体性を判断するための重要な要素になりうるということである。

3 支配型私的独占

【1】「支配」の意義

「支配」とは、他の事業者についてその事業活動に関する意思決定を拘束し、自己の意思に従わせることをいう。株式保有、役員派遣、取引上の優越的地位の利用等が典型例である。株式所有を手段として他の事業者を「支配」したと認定し、排除型私的独占と同時に、支配型私的独占にもあたるとした著名な審決例として、以下のものがある。

★重要判例（勧告審決昭和47年９月18日審決集19巻87頁〔百選16事件〕）

「X社は、A社、B社、C社およびD社の事業活動を支配し、また、かん詰製造業者の自家製か

んについての事業活動を排除することにより、公共の利益に反して、わが国における食かんの取引分野における競争を実質的に制限しているものであり、これは、私的独占禁止法第２条第５項の規定に該当し、同法第３条前段の規定に違反するものである。」

【２】間接支配

間接支配とは、当該市場における客観的な事情を媒介として、他の事業者の事業活動に制約を加えることをいう。このような間接支配も、私的独占における「支配」にあたるとした裁判例(東京高判昭和32年12月25日高民10巻12号743頁)がある。

★重要判例(東京高判昭和32年12月25日高民10巻12号743頁)

「他の事業者の事業活動を支配するとは、原則としてなんらかの意味において他の事業者に制約を加えその事業活動における自由なる決定を奪うことをいうものと解するのを相当とする。しかしこのことから一定の客観的条件の存するため、ある事業者の行為が結果として他の事業者の事業活動を制約することとなる場合はすべてここにいう支配に当らないとするのは狭きに失するものといわなければならない。なんとなれば、法は支配の態様についてはなんらの方法をもってするかを問わないとしているのであって、その客観的条件なるものが全く予期せざる偶然の事情であるとか、通常では容易に覚知し得ない未知の機構であるとかいう特別の場合のほかは、一般に事業者はその事業活動を営む上において市場に成立している客観的条件なるものを知悉しているものというべきであるから、自己の行為がその市場に存する客観的条件にのって事の当然の経過として他の事業者の事業活動を制約することとなることは、当然知悉しているのであって、かような事業者の行為は結局その客観的条件なるものをてことして他の事業者の事業活動を制約することに帰するのであり、ここにいう他の事業者の事業活動を支配するものというべきであるからである。本件で市場に存する客観的条件とはしょう油業界における格付及びそれにもとづくマーク・バリュー、品質、価格の一体関係から他の生産者が原告の定めた価格に追随せざるを得ない関係をさすことは明らかであり、このような市場秩序の存するところで原告がその再販売価格を指示しかつ維持し小売価格を斉一ならしめれば、他の生産者はおのずから自己の製品の価格をこれと同一に決定せざるを得ざるにいたり、その間価格決定につき独自の選択をなすべき余地はなくなるというのであって、これがすなわち原告の価格支配であるとする審決の所論は、そのような市場秩序があるといい得るかどうか、原告が小売価格を斉一ならしめているかどうかの事実の有無は後に見るとおりであるが、それはとにかく、その論理の構造においてはなんら不合理なものあるを見ないのである。」

第2章………私的独占

3. 対市場効果要件

私的独占の対市場効果要件は、①「一定の取引分野」において、②「公共の利益に反して」、③「競争を実質的に制限」することである(2条5項)。

1 「一定の取引分野」

私的独占の実際の適用場面では、「一定の取引分野」の画定が争点となることが少なかった。これは、私的独占の適用においては「排除」や「支配」という競争に対する直接的な制約を伴う行為を問題とするが、これらの行為はそもそも競争を制約したから問題視されるのであり、ある市場で競争が起こっていること自体には争いがないことが多いためである。

そこで、私的独占における「一定の取引分野」とは、**排除行為によって競争の実質的制限がもたらされる範囲**をいい、その成立する範囲は、**具体的行為や取引の対象・地域・態様等に応じて、当該行為にかかる取引およびそれにより影響を受ける範囲を検討して決定される**と解されている。

しかし、結果から逆説的に市場範囲を推論する決定手法には、学説上の批判もある。試験対策上は、第1章第3節3で紹介したのと同様の手法で市場を画定してもよいだろう。

2 競争の実質的制限

私的独占の実際の適用場面において、競争の実質的制限が問題となったことはほとんどない。これは、「排除」や「支配」が認められる場合には、事実上、競争の実質的制限が生じていることが多いためと考えられる。

なお、競争の実質的制限を検討する場合における考慮要素については、第1章第

3節4で説明した。

3 「公共の利益に反して」

私的独占においては、条文上、「公共の利益に反して」なされることが要件とされている。もっとも、正当化事由については、競争の実質的制限の要件のなかで論じれば足りる。

4 設例の検討

「事業者」であるX社は、X社の顧客に向けた破格の安値での販売キャンペーンを行い、Y社の顧客を大量に奪い、「他の事業者」であるY社の事業活動の継続を困難にしている。また、X社の上記行為は自社にも一時的な損失をもたらしており、効率性を反映しているものとはいえない。よって、X社の行為は「排除」に該当する。

本件における「一定の取引分野」は、国内における業務店向け音楽放送の取引分野である。この市場におけるX社のシェアが70パーセント、Y社のシェアが26パーセントであったことから、X社が市場支配力を行使するうえで唯一の競争的抑制を加えていたのがY社であると想定される。そして、X社の行為の結果、Y社のシェアは20パーセントにまで減少しており、市場支配力の形成または強化があったと考えられ、競争の実質的制限が生じたといえる。

以上より、X社の行為は2条5項に定める私的独占に該当し、3条に違反する。

設例と同様の事案において、審決例(勧告審決平成16年10月13日審決集51巻518頁〔百選11事件〕)は、「通謀」による排除型私的独占に該当するとした。

★重要判例(勧告審決平成16年10月13日審決集51巻518頁〔百選11事件〕)

「X_1社及びX_2社は、通謀して、A社の音楽放送事業に係る事業活動を排除することにより、公共の利益に反して、我が国における業務店向け音楽放送の取引分野における競争を実質的に制限していたものであって、これは、独占禁止法第2条第5項に規定する私的独占に該当し、独占禁止法第3条の規定に違反するものである。」

第3章………不当な取引制限

1. 不当な取引制限規制の概要

［設例］

種子の販売業者であり、市場において9割以上のシェアを有する32社は、会合を開き、販売価格を定める際の基準価格を決定した。32社の行為は、独占禁止法上違法となるか。

1 概要

不当な取引制限とは、「事業者が、契約、協定その他何らの名義をもってするかを問わず、他の事業者と共同して対価を決定し、維持し、若しくは引き上げ、又は数量、技術、製品、設備若しくは取引の相手方を制限する等相互にその事業活動を拘束し、又は遂行することにより、公共の利益に反して、一定の取引分野における競争を実質的に制限すること」をいう（2条6項）。不当な取引制限は、カルテルや入札談合とよばれる行為を対象とするものであり、行為主体が複数にのぼる点に特徴がある。

不当な取引制限の対象となる行為の典型例は、複数事業者が相互に合意をすることで競争を回避するものである（競争回避型）。たとえば、石油の元売業者が相談して一律に石油価格の引上げを行うような場合がこれにあたる。

他方で、他の事業者を排除することにより競争を制限するものもある（競争者排除型）。たとえば、複数の音楽配信業者が団結して、系列の着うた提供事業者に対してのみ楽曲を提供する一方で、系列外の事業者には提供しないようにする場合などがこれにあたる。

不当な取引制限に対する規制は、独占禁止法の中核をなす。司法試験でも何度も問われているきわめて重要なところであるから、しっかりと理解してほしい。

2 ハードコア・カルテル／非ハードコア・カルテル

【1】概要

⑴ハードコア・カルテル

ハードコア・カルテルとは、競争を制限して、価格等に影響を与えること以外に合理的目的をもたない典型的カルテルをいう。価格カルテル、数量制限カルテル、市場分割カルテル、入札談合がこれにあたる。

3－1　ハードコア・カルテル

①価格カルテル	③市場分割カルテル
②数量制限カルテル	④入札談合

⑵非ハードコア・カルテル

非ハードコア・カルテルとは、ハードコア・カルテル以外の非典型的なカルテルをいう。たとえば、共同ボイコット、共同販売、共同購入、共同生産、共同研究開発、規格・標準化、情報交換活動等である。

3－2　非ハードコア・カルテル

①共同ボイコット	⑤共同研究開発
②共同販売	⑥規格・標準化
③共同購入	⑦情報交換活動　等
④共同生産	

【2】区別の必要性

ハードコア・カルテルと非ハードコア・カルテルとの区別は、競争の実質的制限の重大性を判断するためのものである。欧米においては、ハードコア・カルテルは当然違法である一方、非ハードコア・カルテルは当然に違法とはならず、事案ごとに個別的に判断される（合理の原則）。

他方で、日本の独占禁止法は、条文上カルテルをこのように区別しているわけではない。しかし、カルテルの区別は、ハードコア・カルテルの４類型に該当した場合には、結論が違法となりやすいという一種のメルクマールとしての機能を有する。したがって、カルテルの区別を念頭において学習することは、独占禁止法を理解するうえで有益である。

3 縦のカルテル／横のカルテル

カルテルの当事者同士の関係に着目した分類として、横のカルテル（水平的制限）と縦のカルテル（垂直的制限）という概念がある。

【1】横のカルテル（水平的制限）

横のカルテルとは、互いに競争関係にある者の間で事業活動の制限が課される場合をいう。たとえば、設例のような販売業者間のカルテルがこれにあたる。横のカルテルは、価格競争などを直接制限する効果が大きいためカルテルの典型例といえる。したがって、不当な取引制限の適用対象となることに争いはない。

3−3　横のカルテル

【2】縦のカルテル（垂直的制限）

縦のカルテルとは、互いに取引関係にある者の間で事業活動の制限が課される場合

3−4　縦のカルテル

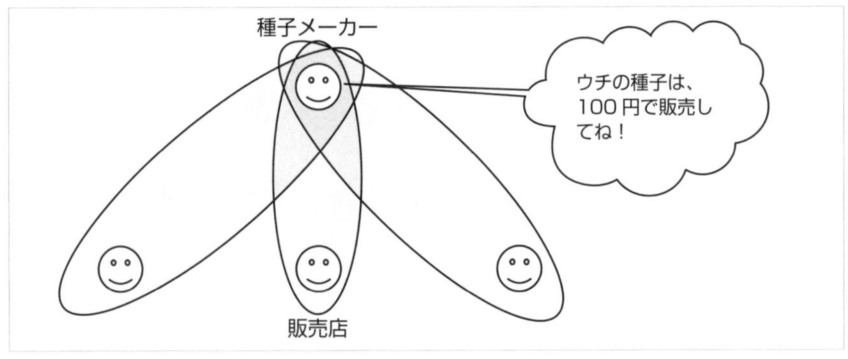

をいう。たとえば、メーカーと卸売業者間のカルテルがこれにあたる。このような場合には、取引段階が異なるため、縦方向に結合が生じる。そこで、縦のカルテルとよばれるのである。もっとも、わが国の独占禁止法では、縦のカルテルは不当な取引制限の適用対象とされたことはなく、不公正な取引方法における再販売価格の拘束や拘束条件付取引等に関する規定が適用されることが通常である。

4 事業者団体規制（8条1号）との区別

事業者団体規制（8条1号）は、事業者団体によって実質的な競争が制限された場合に適用される。石油連盟など事業者団体の場を利用して行われるカルテルでは、事業者団体の行為という側面と、構成員の行為という側面とをあわせもつ。そこで、事業者団体規制と不当な取引制限のいずれの規定が適用されるべきかが問題となる。

実際の適用事例においては、事業者団体と構成員のいずれが中心となって競争制限的行為を行っていたかにより区別されている。すなわち、事業者団体が中心となる場合には事業者団体規制（8条1号）が、構成員が中心となる場合には不当な取引制限が適用されることとなる。このような考え方によると、団体の構成員が多数にわたり、意思決定が機関によって行われ、その決定が間接的に構成員全体に周知されるような場合は、事業者団体規制が適用されやすいこととなる。他方、構成員が少数で、意思決定に構成員の多くが直接関与しているような場合には、不当な取引制限に関する規定が適用されやすいといえる。

もっとも、事業者団体規制と不当な取引制限の区別は、結局のところ、課徴金や排除措置命令の名宛人をだれにするのが実態にあっているかという問題であるから、事案に応じて個別具体的に判断されるものと考えられる。

2. 行為要件

不当な取引制限の行為要件は、独占禁止法2条6項にある①行為の「共同」性、②事業活動の「相互……拘束」の2つの要件がメインとなる。特にハードコア・カルテルでは、行為自体が強い違法性を推認させるものであるから、行為要件へのあてはめが争点となりやすい。判例や審決をみる場合には、どのような事実がどの要件との関係で問題とされたかをきちんとおさえておく必要がある。

1 「共同」行為

【1】意義

⑴規範

「共同して」とは、意思の連絡のことをいう。意思の連絡とは、裁判例(東京高判平成7年9月25日審決集42巻393頁〔百選21事件〕)によれば、「複数事業者間で相互に同内容又は同種の対価の引上げを実施することを認識ないし予測し、これと歩調をそろえる意思があること」をいい、黙示のものであっても足りる。

黙示の意思の連絡の場合、①事前に連絡・交渉が存在し、②その内容は価格等に関するものであり、③現に協調行動がなされた場合については、各自が独自の判断によって行ったという特段の事情がないかぎり、意思の連絡が推認される(三分類説)。

⑵意思の連絡の3要素

複数の事業者が価格の引上げを約束した文書や電子メールが存在する場合等、意思の連絡を直接的に示す証拠(以下「直接証拠」という)が存在する場合には、①から③までの考慮要素を詳細に検討する必要はない。

これに対し、直接証拠が存在しない場合、すなわち黙示の意思連絡が問題となる場合には、①から③までが意思の連絡の存在を推認する間接的な事実(以下「間接事実」という)となる。この場合に考慮すべき要素は、本来①から③までにかぎられるものではないが、実際の適用事例においては、この3要素が考慮されることが多い。このため、重要な考慮要素として、具体例とともにおさえておきたい。

3−5　意思の連絡の３要素

①事前の連絡・交渉の存在　ex. 会合の開催、電話等による連絡
②内容が価格等に関すること　ex. 会合で価格引上げ等の話がでた
③現に協調行動がなされたこと　ex. 各社が価格の引上げに向けて一致した行動をとった

実際の適用事例においては、①②について立証の程度を緩和しつつ、③については行為の不自然性、すなわち独自の判断によって行われたとは思われない要素があることを重視する傾向がある。

★重要判例（東京高判平成７年９月25日審決集42巻393頁〔百選21事件〕）

「『共同して』に該当するというためには、複数事業者が対価を引き上げるに当たって、相互の間に『意思の連絡』があったと認められることが必要であると解される。しかし、ここにいう『意思の連絡』とは、複数事業者間で相互に同内容又は同種の対価の引上げを実施することを認識ないし予測し、これと歩調をそろえる意思があることを意味し、一方の対価引上げを他方が単に認識、認容するのみでは足りないが、事業者間相互で拘束し合うことを明示して合意することまでは必要でなく、相互に他の事業者の対価の引上げ行為を認識して、暗黙のうちに認容することで足りると解するのが相当である(黙示による『意思の連絡』といわれるのがこれに当たる。)。もともと『不当な取引制限』とされるような合意については、これを外部に明らかになるような形で形成することは避けようとの配慮が働くのがむしろ通常であり、外部的にも明らかな形による合意が認められなければならないと解すると、法の規制を容易に潜脱することを許す結果になるのは見易い道理であるから、このような解釈では実情に対応し得ないことは明らかである。したがって、対価引上げがなされるに至った前後の諸事情を勘案して事業者の認識及び意思がどのようなものであったかを検討し、事業者相互間に共同の認識、認容があるかどうかを判断すべきである。そして、右のような観点からすると、特定の事業者が、他の事業者との間で対価引上げ行為に関する情報交換をして、同一又はこれに準ずる行動に出たような場合には、右行動が他の事業者の行動と無関係に、取引市場における対価の競争に耐え得るとの独自の判断によって行われたことを示す特段の事情が認められない限り、これらの事業者の間に、協調的行動をとることを期待し合う関係があり、右の『意思の連絡』があるものと推認されるのもやむを得ないというべきである。」

【２】入札談合の特殊性

⑴二段階構造

入札談合においては、①受注予定者の決め方や参加者への入札物件の割振りに関する基本合意がなされた後、②個々の入札物件ごとに受注者を決定する個別調整が行われるという二段階構造がある。このうち、①基本合意の存在が立証されれば「共同」行

為を認定するのが実務の考え方である。

3−6　入札談合の構造

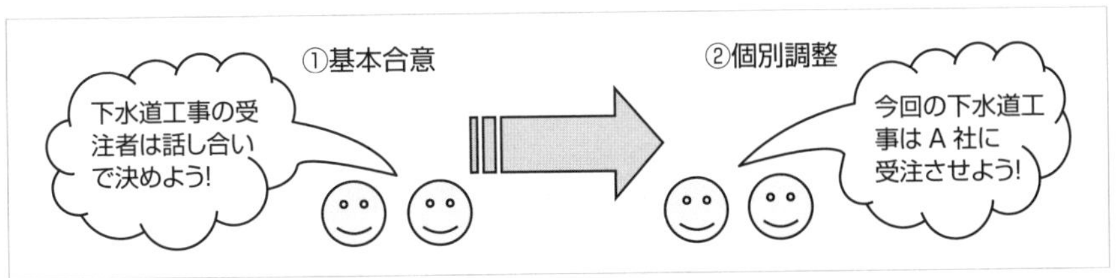

⑵基本合意の立証

入札談合の事案では、基本合意から長期間が経過していることが多く、基本合意を立証する直接証拠がないことも珍しくない。この場合には、間接事実の立証により基本合意の存在が推認されることとなる。もっとも、実際の適用事例においては、意思の連絡に関する三分類説とは異なった入札談合独自の手法が形成されている点に注意したい。具体的には、個別調整における受注希望の表明、他の受注希望者の存否確認、受注予定者の決定、受注予定者による他の入札参加者に対する連絡、受注予定者以外の者による落札への協力といった事情が、基本合意の存在を推認するための間接事実として考慮されている。

なお、「共同」行為にあたるといえるためには、各当事者の独立した意思決定に制約が生じていれば足りるのであるから、基本合意の形成過程について、日時、場所等について具体的に特定することまでを要するものではない。

★重要判例（東京高判平成18年12月15日審決集53巻1000頁）

「意思の連絡とは、入札に先立って受注予定者を一定の方法に基づいて決定し、受注予定者以外の入札参加者は受注予定者が受注できるよう協力することについて各事業者が相互に同内容の認識を持ってこれに従う意思が形成されていることである。Y（公正取引委員会）は、X（社）及び28名が、基本合意が形成されていたこと及び基本合意の下で受注予定者を決定し受注予定者が受注できるようにしていたことについて、事業者の認識内容、個別物件において事業者の認識に沿った行動が採られていたこと等の状況等から立証すれば足りるのであって、基本合意の形成過程を特定し立証しなければならないというものではない。

また、相互拘束については、事業者間において、競争制限効果を生ずる行動に歩調を合わせ、若しくは、競争制限効果を生じる規範に従う意思を相互に有することで足り、実効性を担保するための制裁等が用意されていることは必要ではない。」

★重要判例（審判審決平成６年３月30日審決集40巻49頁〔百選24事件〕）

「A会設立当時、１級９社は、米国空軍契約センターの発注物件の入札に際し、当時の各社の技術的能力、右物件に対する知識等からみて、当面はX_1社と競争して受注することは困難な面があり、また無理をして受注しても受注価格の低落を招く等のおそれがあったところから、同社と競争するよりも協調しながら右業務を遂行するためのノウハウを学び、また当面、同社に協力して『貸し』を作り、将来『貸し』を返してもらう形で受注することを考え、他方、X_1社も、受注価格の低落を防ぎ受注価格を安定させるためには、有力な競争相手と思われ、また近い将来そうなると思われる１級９社と競争するよりも協調しながら、その出方、考え方を知りそれに対応していくことの方が得策と考え、１級９社及びX_1社とも、米国空軍契約センターの発注物件につき競争するよりも協調して受注価格を安定させる必要性を強く感じていたこと、そのため、１級９社はX_2のBの発案で、X_1社との話合いのきっかけを掴むため、忘年会を開き、その結果、１級９社とX_1社は、集まりの会(A会)を設立することとし、右設立までの間に今後米国空軍契約センターの発注物件をどのように受注していくか等につき協議し、A会を設立したこと、A会設立後、……本件27物件のすべてについてA会の会員中の入札参加者は受注予定者を決めるための『話合い』を行い、受注予定者を決め(ただし、昭和56年の横須賀・横浜基地物件については後記のとおり１社に受注予定者を決めることはできなかった。)、受注予定者以外の他の入札参加会員は受注予定者が受注できるように協力し、後日A会に入会したX_3及びX_4も、入会後右『話合い』に参加し受注予定者を決める等していたが、A会解散後は右受注予定者を決める等の『話合い』は行われなくなったことが認められ、右各事実……を総合すれば、１級９社とX_1社は、会員相互の親睦を図るとともに継続的に米国空軍契約センターの発注物件の受注を円滑にし受注価格を安定させるための『話合い』をする前提として、信頼関係、協調関係を維持するため、A会を設立すること等を協議し、A会を設立することにより、遅くとも、昭和56年２月末ころまでには、米国空軍契約センター発注物件の入札について、あらかじめ入札に参加するA会会員の『話合い』により右発注物件の受注予定者を決め、受注予定者以外の他の入札参加会員は、受注予定者が受注できるように協力して入札に参加する旨の黙示の合意である本件基本合意が形成されるに至ったことが認められる。」

2 「相互……拘束」

【1】意義

相互拘束（２条６項）とは、①拘束に相互性があり、②共通の目的達成に向けられたものであれば足りる。また、③拘束の程度は事実上のものでよいとされている。

【2】一方的拘束

事業者間でカルテルを行う場合において、もっぱら一方のみが利益を得ていたり、一方が他方を支配し従属させていたりすることがある。このような一方的拘束の場合には、①拘束の相互性が認められるかが問題となる。

これは、特に入札談合の事例において問題となることが多い。受注能力等を欠く者が受注予定者の落札に協力していた場合、そもそも受注しえないのであるから、受注予定者が協力者を一方的に拘束していたにすぎないという見方もできるからである。しかし、当面において受注能力等を欠く者であっても、受注者に貸しをつくり、将来貸しを返してもらうことを意図して協力していることがある。このような場合であれば、実質的に相互性が認められるから、相互拘束があるといってよいだろう(審判審決平成13年9月12日審決集48巻112頁参照)。

なお、一方的拘束であるがために相互拘束が認められなかった場合、支配型私的独占に該当するかが別途問題となる(勧告審決平成8年5月8日審決集43巻209頁〔百選14事件〕参照)。

★重要判例(審判審決平成13年9月12日審決集48巻112頁)

「本件において、F市発注の落札金額が1億円以上であると想定される大規模な造園工事について一定の取引分野が成立し、これを受注することができる超特Aランク業者であるX_1社ら及びX_2社の間で本件合意が成立した……。したがって、同大規模な造園工事を受注することができない超特Aランク以外の造園工事業者が本件合意に参加していたということはできない。また、超特Aランク以外の指名業者がこれらの物件を自ら受注せずに受注予定者に協力するのは、自分のランクにおける受注に関して超特Aランク業者の協力を得ることを期待すると共に将来自分が超特Aランク業者になった場合に利益を享受できる見込みがある反面、他方超特A業者に協力しなければ業界ぐるみの制裁を受けるおそれがあったためであり……、これらの者は、本件合意による事業者間の相互拘束をしていたのではなく、一方的に超特Aランク業者に協力していたのである。したがって、これらの者を当該談合の参加者ということはできず、これらの者を含めた上での一定の取引分野を想定することはできない。」

【3】縦のカルテルの肯否

⑴概要

②目的の共通性に関連して、相互拘束の当事者間には競争関係が必要であるか、すなわち縦のカルテルの肯否が問題となる。

従前、裁判所は、拘束内容が同一でなければ相互拘束として認められないとしていた。このように考えると、新聞本社が販売店にそれぞれの販売地域に制限を設けるような縦のカルテルの場合、拘束内容は販売店ごとに異なるから、拘束内容は同一でなく、相互拘束として認められないこととなる。したがって、この立場によれば、当事者間に競争関係が必要となり、縦のカルテルの相互拘束性は否定される。

これに対し、公正取引委員会の「流通・取引慣行に関する独占禁止法上の指針」(平成29年6月16日公正取引委員会。以下「流通・取引慣行ガイドライン」という)では、「拘束は、その内容が行為者……全てに同一である必要はなく、……特定の事業者を排除する等共通の目的に向けられたものであれば足りる」(流通・取引慣行ガイドライン　第2部第2・3(1)(注2))と説明されている。この立場によれば、縦のカルテルの目的共通性は必ずしも否定されないこととなる。また、裁判例(東京高判平成5年12月14日高刑46巻3号322頁〔百選19事件〕)では、形式的には取引段階が異なり競争関係がないようにみえる事案であっても、「実質的には競争関係にあった」と認定したうえで、不当な取引制限に関する規定を適用しているものがある。したがって、現在の実務は、競争関係を必要として縦のカルテルの目的共通性を否定しつつも、実質を考慮した柔軟な運用がされていると考えておくべきだろう。このあたりの概念関係については、(2)で詳しく解説する。

なお、縦のカルテルについて不当な取引制限が成立しないとされた場合、不公正な取引方法(再販売価格の拘束〔2条9項4号〕、拘束条件付取引〔2条9項6号ニ・一般指定12項〕等)として別途問題となることに注意したい。

★重要判例(東京高判平成5年12月14日高刑46巻3号322頁〔百選19事件〕)

「独禁法2条1項は、『事業者』の定義として『商業、工業、金融業その他の事業を行う者をいう。』と規定するのみであるが、事業者の行う共同行為は『一定の取引分野における競争を実質的に制限する』内容のものであることが必要であるから、共同行為の主体となる者がそのような行為をなし得る立場にある者に限られることは理の当然であり、その限りでここにいう『事業者』は無限定ではないことになる。しかし、X社は、……自社が指名業者に選定されなかったため、指名業者であるA社に代わって談合に参加し、指名業者3社もそれを認め共同して談合を繰り返していたもので、X社の同意なくしては本件入札の談合が成立しない関係にあったのであるから、X社もその限りでは他の指名業者3社と実質的には競争関係にあったのであり、立場の相違があったとしてもここにいう『事業者』というに差し支えがない。この『事業者』を同質的競争関係にある者に限るとか、取引段階を同じくする者であることが必要不可欠であるとする考えには賛成できない。」

(2)類似概念との関係

縦のカルテルについての考え方は、次頁の表3−7のようにまとめることができる。

魚の販売(漁師→卸売業者→販売業者)を例にしてこの点について補足して説明する。

まず、縦のカルテルを認めるか否かは、カルテルを行う当該事業者間に競争関係が必要か否かという問題とパラレルに考えられる。縦のカルテルを認めないということは、たとえば漁師と卸売業者のカルテルを認めないということであり、漁師間、販売業者間のカルテルのみを規制することになる。漁師は他の漁師と競争することはあっても、卸売業者と競争することはない。したがって、縦のカルテルを認めないということは、事業者間に競争関係を必要とする考え方と同じなのである。

次に、拘束内容の同一性と縦のカルテルの肯否との関係であるが、縦のカルテルを肯定する場合には、拘束内容の同一性は不要という考え方と結びつく。漁師と卸売業者のカルテルを考えてみればわかるが、漁師と卸売業者では業態は異なるのであるから、拘束内容の同一性を求めることが困難であることは容易に想像できよう。これに対して、縦のカルテルを認めない場合は、拘束内容の同一性を必要とする考え方と不要とする考え方の両説ありうる。同一性を必要とする考え方は、たとえば、マグロに関しては1匹100万円で卸売業者に卸すという合意しか認めないという考え方をするものである。これに対して同一性を不要とする考え方は、たとえば、マグロを卸している漁師Cを排除するために、漁師Aがクロマグロに関しては1匹100万円で売り、漁師Bはミナミマグロに関しては80万円で売るという合意をする場合もカルテルとして認める考え方である(実効的かどうかはおいておく)。

実務においては、次の表のうち色文字部分の考え方を採用している。

3−7 縦のカルテルの肯否に関する概念関係

縦のカルテルの肯否	競争関係の要否	拘束内容の同一性の要否
肯定	不要	不要
否定	必要	不要
		必要

※色文字部分：実務の考え方
※縦のカルテルの肯否・競争関係の要否は、同じ論点の言い換え

【4】③拘束の程度

不当な取引制限は、複数の事業者が互いの自由な意思決定を拘束することによって競争へ悪影響を与えるものである。したがって、複数の事業者が単に価格引上げの意向を示すにとどまり、他社がこれに縛られない場合には、相互拘束は認められない。もっとも、複数事業者間での合意に反したら違約金を支払わなければならないなどといった法的拘束力までは不要であり、互いに相手の履行を信頼して締結する紳士協定のような事実上の拘束力があれば足りると考えられている。

3 「遂行する」

不当な取引制限の条文には「遂行する」との文言があるが、これは「共同して」を受けるものにすぎないから、刑事事件の場合を除いては、独自の要件とは考えられていない。もっとも、不当な取引制限に関する刑事事件においては、この要件が独自の意味をもつのではないかが問題となる。

入札談合においては、基本合意がなされてから長期間経過していることが多い。この場合、基本合意、すなわち相互拘束が実行行為であるとすると、基本合意の時期や関与者が特定できないことや、公訴時効が成立していることにより、刑事責任を問えないことが多いが、これは不当である。そこで、刑事事件にかぎっては、基本合意に基づく個別調整自体を「遂行」行為という独自の要件とし、これを実行行為と解するべきである（遂行行為説）。

これまで「遂行」に独自の意味が認められてこなかったのは、事業者が名宛人となる課徴金や排除措置命令などの行政的措置にかぎられると考えれば、自然人の行為が対象となる刑事事件において、これと異なる解釈をすることは、何ら矛盾するものではないといえる。

なお、遂行行為説の立場は、不当な取引制限の罪に関する状態犯説の立場から主張される傾向にあったが、裁判例（東京高判平成16年３月24日刑集59巻９号1747頁〔百選28事件〕）は、継続犯説を前提としつつ遂行行為説を採用するものと考えられる。

★重要判例（東京高判平成16年３月24日刑集59巻９号1747頁〔百選28事件〕）

「X_1社等の担当者の間で、『前年度における油種ごとの受注実績を勘案して受注予定会社を決定するとともに当該受注予定会社が受注できるような価格で入札を行う』旨の基本ルールが合意された始まりが、相当以前に遡ることは、先に認定したとおりである……。そして、各期の発注の都度、そのときどきの被告会社等の担当者が受注調整会議に集まるなどして、まず、その基本ルールに従うことが確認・合意され、次いで、その合意に基づいて当該期の個別受注調整が決定されてきたものと認められる。

判示各期においても、X_2は、各期の入札説明会直後に、X_1社等の担当者に受注調整会議の日程を告げ、これに従って同担当者らが受注調整会議に出席すると、X_2が『それじゃ始めましょうか。』などと言い、出席者から異論が出ることもなく、直ちに議事に入って、順次、受注予定会社の決定等が行われた。したがって、出席者の間では、各受注調整会議の冒頭において、当該期の発注についても、従来と同じ基本ルールを確認・合意し、そして、引き続き、同出席者らは、個別の発注物件について、その基本ルールに従って、すでに述べたとおり、受注予定会社を決定するなどし、もって、X_1社等が共同して、調達実施本部が指名競争入札の方法により発注する本件各石油製品の受注に関し、各被告会社等の事業活動を相互に拘束し、遂行したのであって、以上はいずれも本罪の実行行為に該当するものである。」

3. 対市場効果要件

不当な取引制限の対市場効果要件は、①「一定の取引分野」において、②「公共の利益に反して」、③「競争を実質的に制限」することである（2条6項）。

1 「一定の取引分野」

【1】概要

「一定の取引分野」とは、一定の供給者と需要者から構成される競争の場、すなわち市場のことをいう。不当な取引制限において、「一定の取引分野」が争点となることは少ない。第4章第4節で紹介する方法で市場を画定すればよい。

【2】入札談合

入札談合の場合には、基本合意と個別調整の2段階の行為が存在する。入札談合における「一定の取引分野」は、個別調整の対象となった個々の案件ごとに成立するのではなく、基本合意に対応する範囲につき成立することが多い。たとえば、「A市発注の○○工事の取引分野」というように画定される。

2 競争の実質的制限

【1】概要

「競争を実質的に制限する」とは、競争自体が減少し、市場における価格等の諸般の条件をある程度自由に操作できる状態をもたらすこと、すなわち市場支配力を形成・維持・強化することをいう。競争の実質的制限の考慮要素は、第1章第3節4で説明したとおりである。

【2】ハードコア・カルテルの場合

ハードコア・カルテルにおいては、事業者による事業活動の相互拘束が伴うため、競争の実質的制限が認められることが通常である。

【3】非ハードコア・カルテルの場合

非ハードコア・カルテルには、コストの共通化や情報の共有を通して、事業者が協調的な行動にでることによって競争が回避されたり、競争的な事業者が市場から排除されたりする危険がある。一方で、規模の経済による効率の向上や技術開発にかかるコストの軽減などにより、競争を促進することもある。そのため、競争制限効果と競争促進効果とを比較衡量し、前者が後者を優越する場合に、「競争を実質的に制限する」と認められる。なお、比較衡量による場合、正当化理由は競争促進効果をもたらす事情として考慮される。

典型的な非ハードコア・カルテルについて考慮要素を表にまとめておいたので、ある程度のイメージをつかんでおいてほしい。

3−8　非ハードコア・カルテルの考慮要素

類　型	＋　競争促進効果	−　競争制限効果
①共同販売	取引費用の削減、規模の経済、中小事業者が大手競争者と対等に競争する手段	競争者間での価格や産出量の調整を伴う危険性
②共同購入	大量一括購入による規模の経済	川上市場で市場支配力を有する事業者が、当該製品を原材料として用いる商品の川下市場において支配力を行使しうる場合、川上市場における競争制限が問題となる →原材料コストが高くその比率も固定的である場合には、川下市場における競争制限も問題となる
③共同生産	規模の経済、新規参入リスクの分散、補完的商品等の統合、資金調達、ただ乗り禁止	生産設備の統合等による競争単位の減少の結果、市場集中度が高まる、付随する価格制限・数量制限・市場分割等
④共同研究開発	シナジー効果、規模の経済、重複投資の回避	当事者が競争関係にある場合に競争が減少する、参加制限やライセンス拒絶による部外者の活動困難
⑤情報交換活動		価格・生産・販売量に関する情報の交換による共通認識の醸成

3 「公共の利益に反して」

【1】概要

「公共の利益」とは、競争秩序それ自体をいうと考えられている。そこで、「公共の利益に反して」いないとして、独占禁止法上違法とならないのは、当該行為が独占禁止法の目的に照らして合理的で、かつ手段においても相当な場合にかぎられる。

実際の適用事例においては、「公共の利益に反して」いないとして適法とされたことはない。したがって、通常の経済状態のもとにおいては、この要件が結論を左右することはほとんどないといってよい。

【2】行政指導とカルテル

不当な取引制限が、国または地方公共団体の行政指導(行手2条6号)に基づき行われた場合、当該行為は違法となるかが問題となる。

判例(最判昭和59年2月24日刑集38巻4号1287頁〔百選127事件〕)は、価格カルテルに関する刑事事件において、行政指導を「必要とする事情がある場合に、これに対処するため社会通念上相当と認められる方法によって行われ、……独禁法の究極の目的に実質的に抵触しないものである限り」、違法とはならないとした。そして、「事業者間の合意が形式的に独禁法に違反するようにみえる場合であっても、それが適法な行政指導に従い、これに協力して行われたものであるときは」違法性が阻却されるとした。

【3】設例の検討

設例と同様の事案において、裁判例(東京高判平成20年4月4日審決集55巻791頁〔百選25事件〕)は、毎年基準価格を決定することを合意したにすぎない場合であっても、当該合意自体が競争制限的であるとして、不当な取引制限にあたるとした。

★重要判例(東京高判平成20年4月4日審決集55巻791頁〔百選25事件〕)

「本来、商品・役務の価格は、市場において、公正かつ自由な競争の結果決定されるべきものであるから、具体的な販売価格の設定が可能となるような合意をしていなくても、4種類の元詰種子について、いずれも9割以上のシェアを有する32社の元詰業者らが、本来、公正かつ自由な競争により決定されるべき価格表価格及び販売価格を、継続的に、同業者団体であるA部会の討議研究会において決定した基準価格に基づいて定めると合意すること自体が競争を制限する行為にほかならないものというべきである。すなわち、価格の設定に当たっては、本来、各社が自ら市場動向に関する情報を収集し、競合他社の販売状況や需要者の動向を判断して、判断の結果としてのリスクを負担すべきであるところ、本件合意の存在により、自社の価格表価格を基準価格に基づいて定めるものとし、他の事業者も同様の方法で価格表価格を定めることを認識し得るのであるから、基準価格に基づいて自社の価格表価格及び販売価格を定めても競争上不利となることがないものとして価格設定に係るリスクを回避し、減少させることができるものといえ、これをもって価格表価格及び販売価格の設定に係る事業者間の競争が弱められているといえるのである。

本件においては、32社は、自社が基準価格に基づいて価格表価格及び販売価格を定めると共に、他社も基準価格に基づいて価格表価格及び販売価格を定めるものとの認識を有していたものというべきである」し、その「限度で事業者相互の競争制限行動を予測することが可能であったものといえるのであって、不当な取引制限にいう相互拘束性の前提となる相互予測としては、」本件の「程度で足りるものと解するのが相当である。」

4 入札談合等関与行為防止法（官製談合防止法）

入札談合は、発注者である国や地方公共団体が主導して行われるケースがある。官製談合とよばれるものである。官製談合が行われた場合に、事業者だけに課徴金等の制裁が科されるのでは、均衡を失する。そこで、入札談合に関与した発注者側にも一定の措置を行うことを定めたのが、入札談合等関与行為防止法である。この法律では、入札談合に関与した職員に対する損害賠償請求（入札談合排除４条）や刑事罰（入札談合排除８条）等、また当該職員の所属する省庁等に対する調査・公表義務（入札談合排除３条、５条等）等が定められている。

競合他社間での情報交換

競合関係にある同業他社（競合他社）と、懇親会やゴルフなどのかたちで、**情報交換**を行うことがある。競合他社との情報交換は、価格カルテルの問題となりうる。ただし、問題となる情報交換は、価格や供給数量など、当該業界やマーケットにおける競争にとって重要な情報の交換にかぎられる。たとえば、複数のコーンスターチメーカーが、段ボールメーカーに対する段ボール用でん粉の価格引上げの申入れや交渉の内容について、相互に情報交換をしたことが問題とされた（審判審決令和元年９月30日審決集66巻１頁、公正取引委員会「（令和元年10月２日）王子コーンスターチ株式会社ほか２名に対する審決について（段ボール用でん粉の製造販売業者による価格カルテル事件）」）。

かりに、公正取引委員会により価格カルテルの違反があったと認定された場合、排除措置命令や課徴金納付命令、刑事罰が科されうる（第８章）。

そこで、企業は、①競合他社との間で価格・数量に関する情報交換を行わないことは当然のことながら、②競合他社のリストを作成したうえで、複数の競合他社が参加する会合への出席は極力避けることや、③競合他社と懇親会を行った場合は会議録を残すなど、価格・数量に関する情報交換を行っていないことの証拠を残すなどして、コンプライアンス上の防御策を講じている。

「他店より1円でも高ければ同額にします」

このような文言を、スーパーマーケットや家電量販店で見かけることがある。いわゆる「**同額保証**」とよばれるもので、一見すると消費者だけが得をする話のように思えるが、事業者にとっても大きなメリットが2つ存在する。

1つは、独占禁止法に抵触せずに競合他社との価格競争を回避できることである。

事業者が競合他社と価格競争を続ければ、互いに自社の利益が減少してしまう。他社がどこまで値引きできるか調査するにもコストがかかる。かといって、話し合って販売価格を決めることは独占禁止法に抵触する可能性が高い。

同額保証をすれば、他店の販売価格に関する情報は消費者が提供してくれるから、調査にコストはかからない。また、他社と同額まで値引くにとどめれば、それ以上の価格競争は回避されるから、自社の利益を損なわずにすむ。

もう1つは、安売りを行う競合他社に対する牽制ができることである。競合他社がどれだけ値下げしても、同額保証をしている事業者より安く売ることはできない。したがって、競合他社には価格競争によって顧客を獲得するインセンティブがはたらかなくなる。

このように、事業者は独占禁止法に違反しないように工夫をしながら、競合他社との腹の探り合いをしている。

第4章………企業結合規制

1. 総論

独占禁止法では、株式保有、役員兼任、合併などの会社法上の手段についても規制がある。企業結合については、行為自体に競争制限効果はない。むしろ、スケールメリットを活かして、生産や販売の効率性を高める場合や、メーカーと販売業者が契約の拘束力による非効率性を捨象するため組織的一体性を志向する場合など、社会的に望ましい効果や目的を有する場合がある。

そこで、企業結合規制においては、本当に競争制限的な企業結合のみを規制するために、精緻な市場分析が必要となり、かりに競争制限効果があったとしても、排除措置命令や当事者の自主的な措置により競争制限効果のみを除去することが望ましく、公正取引委員会には高度な審査能力が要求されることになる。

公正取引委員会の企業結合審査における考え方として、「企業結合審査に関する独占禁止法の運用指針」(令和元年12月17日公正取引委員会。以下「企業結合ガイドライン」という)が公表されており、実務的にはこれを理解することが非常に重要になる。そこで、本書でも基本的に企業結合ガイドラインの考え方に沿って説明をする。

なお、企業結合規制においては、一定の取引分野を画定することが非常に大切になる。一定の取引分野は他の規制でもでてくる概念であるが、ここでは非常に精緻な分析が求められ、他の規制における一定の取引分野の画定でも十分流用可能である。一定の取引分野の画定方法については、しっかりと理解を深めてほしい。

第4章………企業結合規制

2. 企業結合規制の類型

企業結合規制は、下の表4－1に示したように、市場集中規制と一般集中規制に分かれる。ここで、市場集中規制は、商品・役務の個々の市場における企業の経済力の集中によってもたらされる競争制限を対象とする規制である。これに対して、一般集中規制は、国民経済全体における特定の企業や企業グループへの経済力の集中などを対象とする規制である。

市場集中規制は、①「一定の取引分野における競争を実質的に制限することとなる場合」、②不公正な取引方法によるものである場合に企業結合を禁止する。

一方で、一般集中規制は、「一定の取引分野における競争を実質的に制限することとなる場合」を要件としない点で市場集中規制と異なる。一般集中規制は、一定の明確な数量基準により規制を行うことが特徴である。そして、この規制は、競争が行われる基盤を整備することにより市場メカニズムが十分に機能するための規制と考えられている。この規制は、たとえば、会社グループの総資産合計額が15兆円を超え、5以上の主要な事業分野のそれぞれに単体総資産額3000億円超の大規模な会社を有する場合（「事業支配力が過度に集中することとなる会社の考え方」平成22年1月1日公正取

4−1

類　型	適用条項
市場集中規制	【10条】会社による株式の取得・所有の規制
	【13条】役員兼任の規制
	【14条】会社以外の者による株式の取得・所有の規制
	【15条】合併の規制
	【15条の2】共同新設分割・吸収分割の規制
	【15条の3】共同株式移転の規制
	【16条】事業等の譲受けの規制
一般集中規制	【9条】事業支配力過度集中の規制
	【11条】銀行・保険業を営む会社による議決権の取得等の規制

引委員会)など大規模な会社に対して適用されるものであり、一般的に問題になることは少ないと考えられる。そこで、次節では、市場集中規制について説明することとする。

第4章………企業結合規制

3. 市場集中規制

1 市場集中規制の判断枠組み

【1】概要

市場集中規制については、公正取引委員会が企業結合ガイドラインを公表している。企業結合ガイドラインにおける市場集中規制の判断枠組みは、下の図のようになっている。

4－2

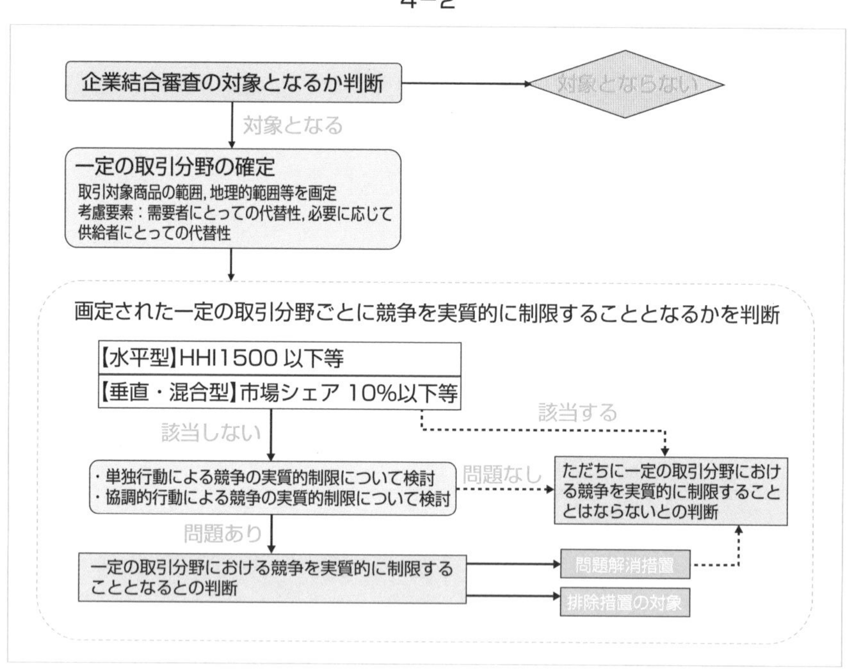

【2】HHI

図4−2にでてくるHHIとは、ハーフィンダール・ハーシュマン指数の略称であり、市場集中度を計測するための指標のひとつである。HHIは、すべての競争者について市場シェアを２乗した値を合計したものである。市場集中度とは、その市場がどれほど少数の者に占められているのかを示す指標である。したがって、HHIが高いということは、それだけ少数の者に市場が占められている、平易に言い換えれば、独占されているということである。

4−3　HHIの計算方法

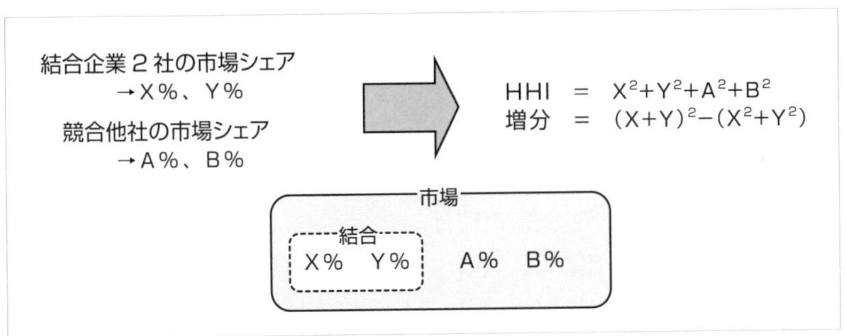

企業結合ガイドラインは、企業結合後のHHIおよび企業結合によるHHIの増分の２つに着目して、次の３つの場合には、「水平型企業結合が一定の取引分野における競争を実質的に制限することとなるとは通常考えられ」ないとする（企業結合ガイドライン　第４・１⑶）。すなわち、図4−4の①から③までに該当するならば、企業結合規制の対象とならない運用をしており、①から③までの基準は、いわゆるセーフハーバーとしての意味をもつことになる。

4−4　企業結合規制のセーフハーバー

①　HHI＝1500以下	
②　HHI＝1500超、2500以下	増分＝250以下
③　HHI＝2500超	増分＝150以下

以下、個別に企業結合審査の対象の判断、一定の取引分野の画定、画定された一定の取引分野の競争を実質的に制限することとなるかの判断について順に説明する。

2 審査の対象となる場合

【1】株式保有

(1)概要

10条、14条では株式の取得・所有が規制されている。これは、会社が他の会社の株式を取得または保有することにより、市場支配力が形成、維持、強化されることを規制することを目的としている。

規制される会社には、株式会社、合名会社、合資会社、合同会社、相互会社、および外国会社（9条2項括弧書）が含まれる。「株式」には、株式会社の株式だけではなく、合名会社、合資会社、相互会社の社員の持分も含まれる（9条1項括弧書）。「取得」とは、株式を新たに所有する行為であり、「所有」とは継続的な所有状態のことをいう。取得と所有を合わせて「保有」とよぶ。ここでのポイントは、取得は売買契約の履行によって完了し、会社に対する対抗要件としての名義書換は不要とされている点である。

企業結合ガイドラインでは、株式保有に基づく結合関係が認定でき、企業結合審査の対象となる場合として、

①議決権保有比率が50パーセントを超える場合

②議決権保有比率が20パーセントを超え、かつ、議決権保有比率の順位が単独で1位となる場合

③議決権保有比率が10パーセントを超え、かつ、議決権保有比率の順位が3位以内の場合には、議決権保有比率の程度および順位、株主間の議決権保有比率の格差、株主の分散状況、議決権相互保有の状況、役員兼任関係、取引関係等を考慮する

をあげている（企業結合ガイドライン　第1・1(1)アイ）。

企業結合ガイドラインの上記基準は、あくまで例示またはめやすと考えられているが、実務的には非常に重要な数字である。

(2)共同出資会社

共同出資会社（共同子会社）を通じて、出資会社（親会社）間に結合関係が生じる場合もあり、企業結合ガイドラインではこの点についても言及されている。ここで問題とされている共同出資会社とは、「2以上の会社が、共通の利益のために必要な事業を遂行させることを目的として、契約等により共同で設立し、又は取得した会社」とされている（企業結合ガイドライン　第1・1(1)ウ）。共同出資会社を通じた結合関係が問題となった事例としては、次のものがある。

★重要判例（平成22年度における主要な企業結合事例・事例３）

化学品の製造販売事業を営むX_1社と、同事業を営むX_2社が、共同出資により有限責任事業組合を設立することによって、両社がそれぞれA地区において行っているエチレン等の石油化学基礎製品の製造事業を本件組合において一体化することを計画した（当事会社は、本件行為後においても、石油化学基礎製品の販売事業をそれぞれ独自に行うこととしている）。

この事案について、公正取引委員会は、本件行為により、一定の取引分野における競争を実質的に制限することとはならないと判断した。

【２】役員兼任

13条では、「会社の役員又は従業員」が、「他の会社の役員」を兼任する場合を規制対象としている。したがって、一方的な役員派遣や会社の従業員が他の会社の従業員を兼任する場合は13条の規制対象外であるが、17条（脱法行為の禁止）に該当する可能性はあるので注意が必要である。

「役員」とは、「理事、取締役、執行役、業務を執行する社員、監事若しくは監査役若しくはこれらに準ずる者、支配人又は本店若しくは支店の事業の主任者」である（２条３項）。「従業員」とは、「継続して会社の業務に従事する者であって、役員以外の者」（13条１項括弧書）であり、臨時雇いは含まれないが、出向者は従業員に含まれることになる。

企業結合ガイドラインでは、役員兼任に基づく結合関係が認められ、企業結合審査の対象となる場合として、

①兼任当事会社のうちの１社の役員総数に占める他の当事会社の役員または従業員の割合が過半である場合

②兼任する役員が双方に代表権を有する場合

③上記２つ以外の場合は、常勤または代表権のある取締役による兼任か否か、兼任当事会社のうちの１社の役員総数に占める他の当事会社の役員または従業員の割合、兼任当事会社間の議決権保有状況、兼任当事会社間の取引関係、業務提携等の関係を考慮する

をあげている（企業結合ガイドライン　第１・２⑵）。

さらに、企業結合ガイドラインでは、役員兼任に基づく企業結合を認定できない場合として、

①代表権のない者のみによる兼任であって、兼任当事会社のいずれにおいても役員総数に占めるほかの当事会社の役員または従業員の割合が10パーセント以下の場合

②議決権保有比率が10パーセント以下の会社間における常勤取締役でない者のみによる兼任であって、兼任当事会社のいずれにおいても、役員総数に占めるほかの当事会社の役員または従業員の割合が25パーセント以下の場合

をあげている(企業結合ガイドライン　第1・2(4))。

役員兼任が問題となった典型的な裁判例として、以下のものがある。

★重要判例(同意審決昭和48年7月17日審決集20巻62頁〔百選44事件〕)

「X_1社がX_2社の株式を取得し、また、X_3、X_4、X_5およびX_6がX_1社の役員または従業員とX_2社の役員を兼任していることは、いずれも、A市の主要な地域における軌道および乗合バスによる旅客運送分野の競争を実質的に制限することとなるものであって、X_1社は、私的独占禁止法第10条第1項前段、また、X_3、X_4、X_5およびX_6は、同法第13条第1項の規定にそれぞれ違反するものである。」

【3】分割・共同株式移転・事業譲受け等

合併(15条)類似の企業結合行為の規制として、分割の規制(15条の2)、共同株式移転の規制(15条の3)および事業譲受け等の規制(16条)がある。

分割の規制では、吸収分割および新設分割のうちの共同新設分割を対象とする(15条の2)。これは、会社の一部門の分社化として新設分割が行われる場合には、競争単位の現象はないからである。

共同株式移転は、新設される会社が当事会社の株式の全部を取得するものであるから、合併と同じ強固な結合関係をもたらすものといえ、規制される(15条の3)。

事業譲受け等の規制(16条)に関しては、事業の全部または重要部分の譲受け(1項1号)、事業上の固定資産の全部または重要部分の譲受け(1項2号)、事業の全部または重要部分の賃借(1項3号)、事業の全部または重要部分についての経営の受任(1項4号)、および事業上の損益全部を共通にする契約の締結(1項5号)が対象となる。

15条の2第2項・3項、および16条1項1号から4号までにおける「重要部分」について、企業結合ガイドラインでは、事業を承継しようとする会社ではなく、事業を承継させようとする会社にとっての「重要部分」とされている(企業結合ガイドライン第1・4(3))。そして、具体的には、①当該承継部分が1つの経営単位として機能しうるような形態を備え、かつ、②事業を承継させようとする会社の事業の実体からみて客観的に価値を有する場合に「重要部分」にあたるとされている。なお、企業結合ガイドラインでは、年間売上高に占める割合が5パーセント以下かつ1億円以下の場合には通常「重要部分」には該当しないとされている。

★重要判例（平成14年度における主要な企業結合事例・事例８）

鉄鋼等の製造販売業を営むX_1社およびX_2社は、共同新設分割により、共同出資会社（X_1社：80パーセント、X_2社：20パーセント）を設立し、両社のステンレス事業を統合することを計画している。本件統合について、独占禁止法第15条の２の適用が問題となった。以上の事案について、公正取引委員会は、有力な競争事業者が複数存在していること、ユーザー等の取引先変更が容易であること、ユーザー等のメーカーに対する価格交渉力が強く、また、価格引下げ圧力を強める要因がみられること、輸入圧力が一定程度はたらいていると認められることから、本件統合により、冷延鋼帯の取引分野における競争を実質的に制限することとはならないと考えられるとした。

4. 市場画定

[設例]

半導体製品であるA製品は、さまざまなデジタル機器に用いられる集積回路(IC)の一種で、特有の効用を有し、代替品は存在しない。また、A製品を製造・販売するメーカーは複数存在するが、どのメーカーのA製品も品質・価格等の面において同等の水準である。A製品は3種類のグレードに分かれており、それぞれの有する機能には差異がある。もっとも、A製品の製造・販売業者にとって、それぞれ異なる種類のグレードに転換してのA製品の製造・販売は、設備、コスト等の面において容易に行うことができる。なお、A製品の製品価格に占める輸送費および関税の割合が低いことから、国内外での価格差はほとんどみられず、品質も同等である。

国内における主要なA製品の製造・販売業者であるX社は、競争力強化を図るため、同じく有力なA製品の製造・販売業者であるY社との合併を計画している。

この計画の実現が独占禁止法15条1項1号に違反するかを検討するにあたり、「一定の取引分野」はどのように画定されるか。

独占禁止法では、ある「フィールド」で競争制限効果が発生している場合に、法適用が検討されることになる。あるフィールドで競争制限効果が発生している場合であっても、当該フィールドに関して実はより広いフィールドを考えるべきである場合には、競争制限効果は薄まり、規制の対象とならないということもある。このように独占禁止法では「フィールド」をどのように考えるかが非常に重要になる。ここでは、イメージをもちやすいように「フィールド」という言葉を用いたが、独占禁止法では「**一定の取引分野**」と規定される。

ここでは、どのように「一定の取引分野」を画定するのか、その考え方を学ぶ。本章第1節の総論で紹介した「市場」に関する理解をここで深めてほしい。企業結合規制においては、市場画定を分析的に行う必要がある。これは、企業結合規制においては、企業結合後の市場状況を事前に予測せざるをえず、慎重かつ精緻な市場支配力分析が求められるのに対して、他の独占禁止法違反行為については、事後的に行為の反競争効果を評価することができるからである。

また、市場を画定することは、①審査の対象となる企業結合のタイプ(水平型、垂直型、混合型)を識別するうえで不可欠の前提となる点、②市場占拠率(シェア)を分析するうえで不可欠の前提となる点、③「輸入」、「参入」、「隣接市場からの圧力」、「需要者からの競争圧力」といった市場支配力の大きさを推し量るために用いられる諸要素を分析するための前提となる点で、非常に重要な意義を有している。

1 市場画定の考え方

企業結合ガイドラインでは、「一定の取引分野」は「企業結合により競争が制限されることとなるか否かを判断するための範囲」を意味するとされ、一定の取引の対象となる商品の範囲(役務を含む)、取引の地域の範囲に関して、基本的には、需要者にとっての代替性という観点から判断されるとしている(企業結合ガイドライン　第2・1)。

この考え方は、市場支配力が存在しうる範囲という観点に基づき、市場画定を行おうとするものであり、仮定的独占者基準(SSNIP基準)とよばれるものである。この基準を理解するポイントは、「需要者にとっての代替性」、「供給者にとっての代替性」、「商品の範囲」と「取引の地域の範囲」の概念を理解することにある。

【1】需要者にとっての代替性

需要者にとっての代替性について、企業結合ガイドラインでは、「ある地域において、ある事業者が、ある商品を独占して供給しているという仮定の下で、当該独占事業者が、利潤最大化を図る目的で、小幅ではあるが実質的であり、かつ一時的ではない価格引上げをした場合に、当該商品及び地域について、需要者が当該商品の購入を他の商品又は地域に振り替える程度」と説明している(企業結合ガイドライン　第2・1)。要するに、事業者が商品・サービスの値段を上げた場合、顧客(需要者)が他の事業者が提供する商品・サービス(地域)のうちどの範囲にまで乗り換えるかという点に関するめやすのことをいう。

「小幅ではあるが実質的であり、かつ一時的ではない価格引上げ」は、めやすとしては、引上げの幅については5パーセントから10パーセント程度であり、期間については1年程度のものをさすとされる。

【2】供給者にとっての代替性

供給者にとっての代替性について、企業結合ガイドラインでは、「当該商品及び地域について、小幅ではあるが実質的であり、かつ一時的ではない価格引上げがあった場合に、他の供給者が、多大な追加的費用やリスクを負うことなく、短期間(1年以内を目途)のうちに、別の商品又は地域から当該商品に製造・販売を転換する可能性の程度」と説明している(企業結合ガイドライン　第2・1)。要するに、事業者がある地域(「当該地域」)での商品・サービス(「当該商品・サービス」)の値段を上げた場合に、今現在は他の商品・サービスを提供している事業者(供給者)がどれだけ容易かつ迅速に当該地域において当該商品・サービスを提供しはじめることになるかという点に関するめやすのことをいう。

【3】商品の範囲

商品の範囲は、用途、価格・数量の動き、需要者の認識・行動などの事項を考慮して、当該商品の効用等の同種性の程度を基準として判断される。

たとえば、A社がだしているチョコレート(100円)とB社がだしているチョコレート(100円)があり、どちらも味はおいしいとする。A社がチョコレートを110円に値上げした場合、A社のチョコレートの購入者は同じ程度のおいしさならば値段が安いB社のチョコレートを購入するようになることが予想される。この場合、A社とB社のチョコレートは同一の「商品の範囲」に属するといえる。

【4】地理的範囲

地理的範囲についての、需要者からみた代替性の程度は、供給者の事業地域性、需要者の買い回る範囲等、商品の特性、および輸送手段・費用等を考慮して判断される。

たとえば、A県B町で販売されている頬が赤い黒色の熊のゆるキャラの人形があるとする(便宜上、いっさいの通信販売はしていないと仮定する)。この人形が売られている場所はへき地にあり、B町の隣町のC町の住民は買いにくるが、更に隣町のD町の住民は買いに来ない状況である。この場合、B町とC町は同一の「地理的範囲」に属するといえるが、B町とD町は同一の「地理的範囲」に属するとはいえない。

なお、内外の需要者が内外の供給者を差別することなく取引を行っているような場合には、海外を含む地理的範囲が画定されることがある。

【5】設例の検討

まずは、商品の範囲について検討する。A製品は特有の効用を有し、代替品は存在しないことから、他の製品との間に需要者にとっての代替性は存在しない。また、いずれのメーカーが製造・販売するA製品も品質・価格等の面において同等の水準であり、A製品の間での需要者にとっての代替性も十分に認められる。一方で、A製品には3種類のグレードが存在し、それぞれ異なる機能を有するところ、グレード間の需要者にとっての代替性は十分でないと考えられる。しかし、A製品の製造・販売業者にとって、設備やコスト等の面において異なるグレードに転換してのA製品の製造・販売は容易であり、グレード間の供給者にとっての代替性は大きいといえる。したがって、商品の範囲は、A製品全体であると考えられる。

次に、地理的範囲について検討する。A製品は、国内外での価格差はほとんどみられず、品質も同等であることから、需要者は国内外の供給者を差別することなく取引すると考えられ、国内と国外には需要者にとっての代替性が認められる。したがって、地理的範囲は世界全体であるといえる。

以上より、「一定の取引分野」は「世界全体におけるA製品の製造・販売分野」と画定される。

2 さまざまな市場

1【3】、【4】でみたチョコレートの市場やA県B町の市場のような市場のほか、よく問題になる市場として、世界市場、下位市場、二面市場があるのでこれらについて説明する。

【1】世界市場

世界を市場とすることは認められる。実際に相談事例(平成18年度における主要な企業結合事例・事例5、平成18年度における主要な企業結合事例・事例9)等では実態として、世界で1つの市場が形成されていると指摘されている。

この点について、企業結合ガイドラインでは、「ある商品について、内外の需要者が内外の供給者を差別することなく取引しているような場合には、供給者が日本において価格を引き上げようとしても、日本の需要者が、海外の供給者にも当該商品の購入を代替し得るために、日本における価格引上げが妨げられることがあり得る」(企業結合ガイドライン　第2・3(2))と指摘されている。これは、要するに、国内で価格が引き上げられたときの、国内需要者からみた国外供給者の利用可能性および国外供給者による国外向け供給分のわが国への転換可能性を考慮して、国境を越えて市場が画定されることがありうるということである。ここでのポイントは、市場の画定においてメインで考慮されるのは、国内の需要者の行動であり、国外の需要者の行動は国境を越えた市場の画定を判断するひとつの材料となるにすぎないということである。

【2】下位市場

企業結合ガイドラインでは、「一定の取引分野は、取引実態に応じ、ある商品の範囲(又は地理的範囲等)について成立すると同時に、それより広い(又は狭い)商品の範囲(又は地理的範囲等)についても成立するというように、重層的に成立することがある」と指摘されている(企業結合ガイドライン 第2・1)。このように、画定された市場に包摂されるかたちで、更に小さな市場を想定することができる場合の小さな市場を、**下位市場**という。

特定の需要者に対して価格差別が可能な場合が、下位市場の問題になる典型的な例である。たとえば、東京高判昭和31年11月9日審決集8巻65頁では、一般的な石油販売市場のなかに、大口需要者向けの下位市場が認められている。

【3】二面市場

取引の多様化やインターネットの発展に伴い、ショッピングモールやオンライン旅行予約サービスなど、消費者と商品を提供する事業者といった異なる2つ以上の利用者グループを組み合わせ、それぞれのグループの利用の程度が互いに影響を与え合うような、いわゆるプラットフォームを運営・提供する事業者(「プラットフォーム事業者」という)が登場してきている。この場合、プラットフォーム事業者と当該プラットフォームを利用する者(販売店や宿泊施設など)の市場と、プラットフォーム事業者と顧客の市場の2つが観念できる。そして、これらの市場は、それぞれ他方の市場の需要・供給の増減によって大きな影響を受ける関係にある。このような、2つの市場の需要・供給が相互に依存する関係にある市場を**二面市場**という。

5. 「競争を実質的に制限することとなる場合」

1 意義

企業結合規制では、「競争を実質的に制限することとなる場合」の企業結合が禁止されている。「競争を実質的に制限する」とは、市場支配力を形成・維持・強化することをいい、「こととなる」とは、競争の実質的制限が必然ではないが容易に現出しうる状況をもたらすことで足りるとする蓋然性を意味する。2条5項や2条6項と異なり、「こととなる」の文言が使われているのは、企業結合規制が将来を予測して行われるものだからである。

競争を実質的に制限することとなるかどうかは、当事会社グループの単独行動による競争制限と、当事会社グループと競争者との協調的行動による競争制限の両面を検討して判断する。

2 結合の種類

企業結合規制における競争の実質的制限を考えるにあたっては、企業結合を①水平型結合、②垂直型結合、③混合型結合に分けて分析することが重要である。

水平型結合とは、同一の一定の取引分野において競争関係にある会社間の企業結合のことをいう。図4−5でいえば、チョコレート販売業者間で企業結合があったとすれば、その結合は水平型結合となる。

垂直型結合とは、取引段階を異にする会社間の企業結合のことをいう。図4−5でいえば、カカオ輸入業者とチョコレート製造業者は取引段階を異にしているが、このような業者間での企業結合は垂直型企業結合となる。

混合型結合とは、異業種に属する会社間の合併、一定の取引分野の地理的範囲を異にする会社間の株式保有など水平型企業結合または垂直型企業結合のいずれにも該当

4−5

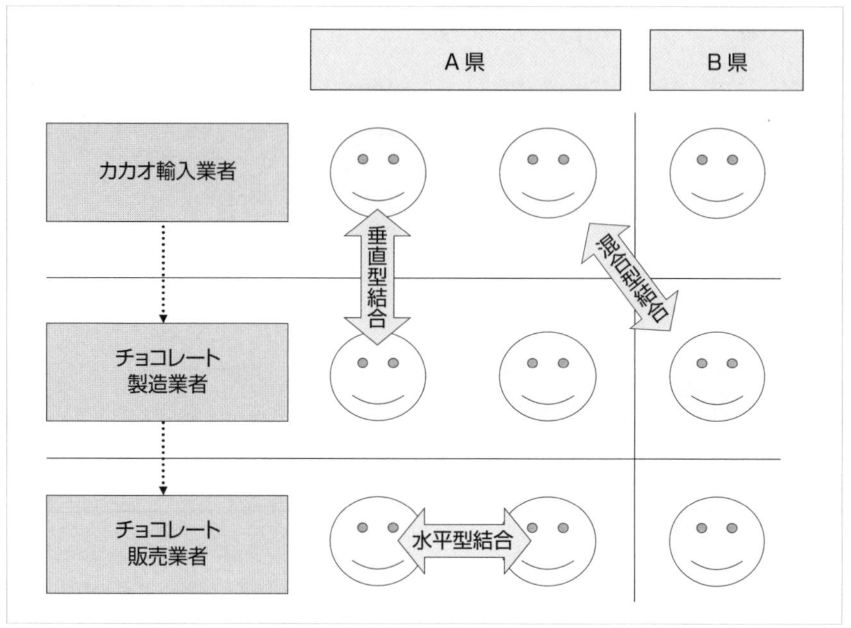

しない企業結合をいう。図4−5でいえば、A県を取引分野とするカカオ輸入業者とB県を取引分野とするチョコレート輸入業者との間での企業結合は、混合型結合にあたる。

水平型企業結合は、当該取引分野において競争している事業者の数を減少させるので、競争に与える影響がもっとも直接的であり、競争を実質的に制限することとなる可能性は、垂直型企業結合や混合型企業結合に比べて高い。これに対し、垂直型企業結合および混合型企業結合は、競争単位の数を減少させないので、水平型企業結合に比べて競争に与える影響は大きくなく、通常、一定の取引分野における競争を実質的に制限することとなるとは考えられない。

3 水平型企業結合規制

以下では、水平型企業結合により競争を実質的に制限することとなるシナリオを概観する。

【1】単独行動による競争の実質的制限

水平型企業結合により生産販売能力を大きくした当事会社グループは、供給量の増減によって商品の価格などをある程度自由に操作できる状態を容易に現出しうる状況をもたらす可能性がある。次のような場合がその典型例である。

⑴商品が同質的なものである場合

当該事業者の生産・販売能力が大きいのに対し、他の事業者の生産・販売能力が小さい等の事情から、当該事業者が商品の価格を引き上げた場合に、他の事業者が商品の価格を引き上げないで売上げを拡大することや、需要者が購入先をそのような他の事業者に振り替えることができないことがある。このような場合、当該事業者が商品の価格等をある程度自由に左右することができる状態を容易に作りだしうることから、水平型企業結合によって競争が実質的に制限されることとなる。

⑵商品が差別化(ブランド化)されている場合

当該事業者があるブランドの商品の価格を引き上げたとしても、当該事業者が当該商品と代替性が高いブランドの商品も販売しているときには、価格を引き上げたブランドの商品の売上げが減少しても当該商品と代替性の高いブランドの商品の売上げの増加で償うことができるので、当該事業者としては売上げを大きく減少させることなく、商品の価格を引き上げることができることが多い。

したがって、商品がブランド等により差別化されている場合、代替性の高い商品を販売する会社間で企業結合が行われ、他の事業者が当該商品と代替性の高い商品を販売していないときには、当該事業者が当該商品の価格等をある程度自由に左右することができる状態を容易に作りだしうるので、水平型企業結合によって競争が実質的に制限されることとなる。

【2】協調的行動による競争の実質的制限

市場における競争単位が少なければ、競争者の行動を高い確度で予測できるから、協調的行動をとりやすくなる。そして、競争的行動にでて顧客を獲得するよりも、他の事業者と協調したほうが安定的かつ継続的に利益をあげられる場合、事業者には実際に競争を回避して協調的行動をとるインセンティブがはたらく。この場合に、協調的行動により競争を実質的に制限することとなると認められる。

具体的事例の検討の際には、各事情が協調的行動の可能性、および協調的行動をとるインセンティブの有無にどう影響するかを考慮することが重要となる。

⑴市場集中度

企業結合ガイドラインでは、「一定の取引分野における競争者の数が少ない又は少数の有力な事業者に市場シェアが集中している場合には、競争者の行動を高い確度で予測しやすいと考えられる」とする(企業結合ガイドライン　第4・3(1)ア)。

市場集中度が高いことは、協調的行為発生の経済的必要条件ともいえる。競争者数が多い場合、協調的行為の相互了解がとりがたいであろうことは容易に想像できる。また、協調的行為が成立したとしても、競争者数が多い場合には、各企業が直面する需要の価格弾力性は大きく、協調的行為から逸脱する利益は大きい。このことは、たとえば、10社の間で特定の商品の価格を100円としている場合、10社のうちの1社が同じ商品を95円で販売すれば、顧客が100円の商品よりも95円の商品を買うことは容易に予想されることから、各社に協調的行為(価格を100円とすること)から離脱する(価格を100円より安くする)動機が生じやすいということからイメージできるであろう。また、競争者数が多い場合には、逸脱の存在を確認できても特定することが困難であったり、逸脱者を特定することが困難である場合もある。

⑵商品の同質性

企業結合ガイドラインでは、「各事業者が同質的な商品を販売しており、費用条件が類似している場合などには、各事業者の利害が共通することが多いため、協調的行動がとられやすくなり、また、競争者が協調的な行動をとるか否かを高い確度で予測しやすいと考えられる」とする(企業結合ガイドライン　第4・3(1)ア)。

同質化された商品については、価格に関する合意のみで協調的行動が成立するため、商品の同質性は、協調的行動の促進要因となる。また、商品の同質性は、協調的行動へのインセンティブを高める場合がある。同質的な商品を売る事業者間では、多くの商品を売ろうとしてダンピングが起こる場合がある。その反面、事業者間にはこのような価格競争を避けるインセンティブが発生することになるのである。

⑶費用の対称性

共同利益最大化を達成するために、参加企業の限界費用(商品を追加的に一単位販売するのにかかる費用)が等しくなるように生産量を割りあてることが必要となる。これにより、限界費用の高い企業は、大きく生産量を減らす必要がでてくる可能性がある。このような状況において、生産量を増大させる参加者から生産量を減少させる参加者への適切な補償がないかぎり、協調的行動をとるインセンティブははたらかない。このような費用の対称性は、一般に競争者の市場シェアの対称性として現れる。

4 垂直型企業結合規制

垂直型企業結合は、市場の閉鎖性・排他性および協調的行動の促進という2つの要素により、市場支配力の形成をもたらすおそれがある。

【1】単独行動による競争の実質的制限

垂直型企業結合により、他の事業者の事業参入や事業継続が困難になる場合、市場の閉鎖性・排他性の問題が生じる。

⑴供給拒否等

たとえば、原材料メーカーAと完成品メーカーBが合併したとする。これまでAと取引してきた完成品メーカーCは、Aから取引を拒絶されたり、これまでより不利な取引条件を提示されたりするかもしれない(投入物閉鎖という)。そうすると、Cは新たな取引先を見つけるか、よりよい取引条件で応じてくれる取引先を見つけなければならなくなる。しかし、取引先の開拓にもコストがかかるし、Aより取引条件のよい取引先が見つかるともかぎらない。結果として、Cは代替的取引先を見つけられずに市場から退出するか、費用上昇の分だけ商品の価格を上げて取引せざるをえなくなる。低価格路線を掲げて新たに市場に参入しようとする完成品メーカーDも、原材料の調達にかかる費用の高さから市場参入を断念するかもしれない。最終的に、Bは完成品市場における商品価格の値上げに成功する。このように、新規参入や競争者の事業継続を困難にして競争圧力を弱めることによって、市場支配力の形成・維持・強化が実現される。

また、Bがこれまで取引していた原材料メーカーEから供給を受けることを拒絶したり、これまでより不利な取引条件を提示したりする可能性もある(顧客閉鎖という)。

4−6　投入物閉鎖と顧客閉鎖

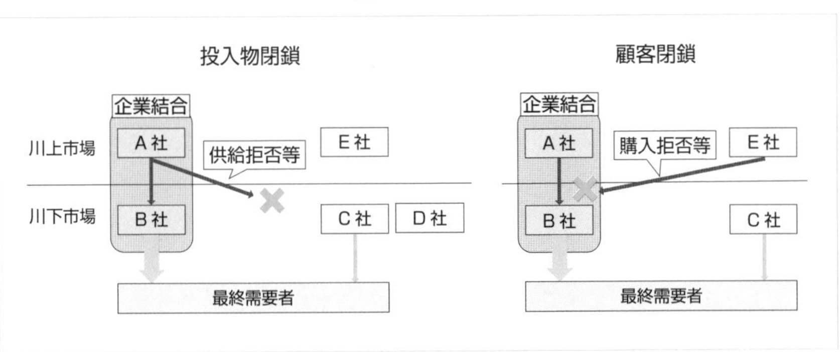

そうすると、EもDと同様に競争圧力を弱められ、Aは原材料市場における商品価格の値上げに成功する。

⑵秘密情報の入手

上の例で、Aと取引している完成品メーカーCに関する競争上の秘密情報(原材料の販売数量や価格など)を、BがAを通じて入手できる場合、Bはその情報を用いてより有利な条件で完成品を販売できる。そうすると、CはBと比べて競争上不利になるから、市場からとう汰される可能性が高い。結果的に、Cの競争圧力は弱まり、Bは完成品市場における商品価格の値上げに成功する。

また、Bと取引している原材料メーカーFに関する競争上の秘密情報を、AがBを通じて入手できる場合、Aがその情報を自己に有利になるよう利用することで、Fの競争圧力を弱め、Aは原材料市場における商品価格の値上げに成功する。

4-7 秘密情報の入手

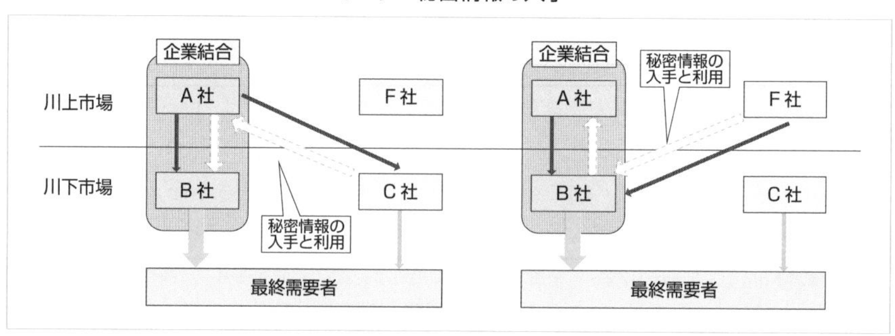

【2】協調的行動による競争の実質的制限

市場における垂直統合が進展すると、互いの末端小売価格を監視することにより、協調的な行動を促進する可能性がある。

たとえば、原材料メーカーAと完成品メーカーB、原材料メーカーCと完成品メーカーDとがそれぞれ合併した場合、ACは、BDの販売価格を通じてお互いに原材料の販売価格を予測することができる。したがって、AとCは協調的な行動をとりやすくなる。さらに、販売価格の動向も相互に監視できるので、協調からの逸脱が難しくなり、協調の実効性は高まる。

また、BがCとも取引している場合、AはBを通じてCの取引価格等の情報を入手できる。そうすると協調と相互監視は更に容易となるから、AとCが協調的行動をとることはより高い確度で予測できる。このように、垂直統合したメーカーが競争メーカーの商品を扱う場合には、その監視効果はより直接的なものとなる。

4－8　協調と相互監視

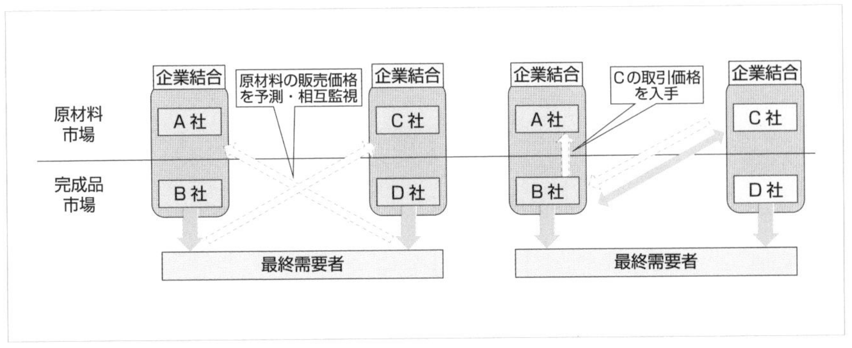

5 混合型企業結合規制

混合型企業結合においては、市場の閉鎖性・排他性、協調的行動の促進のほか、潜在的競争の消滅により市場支配力の形成をもたらす可能性がある。

【1】単独行動による競争の実質的制限

(1)市場の閉鎖性・排他性

ア　組合せ供給

組合せ供給とは、需要者が同一である別の商品をそれぞれに供給していた会社が、企業結合後にそれぞれの商品を組み合わせて供給することをいう。組合せ供給によって、市場の閉鎖性・排他性が問題になることがある。

たとえば、甲商品および乙商品について、一方当事会社(A社)が甲商品を、他方当事会社(B社)が乙商品をそれぞれの市場に供給し、支配的な地位を得ているとする。AとBの企業結合後に当事会社グループが甲商品および乙商品を組合せ供給することにより、AおよびBは一方の市場で有していた市場支配力を他方の市場に拡大することができる。結果として、市場における競争者の競争力が減退し、これら競争者が市場から退出し、またはこれらの競争者からの牽制力が弱くなる場合がある。また、このような状況では、潜在的競争者にとって参入が困難となり、または参入のインセンティブが低下する場合がある(これを混合型市場閉鎖という)。

4−9　組合せ供給

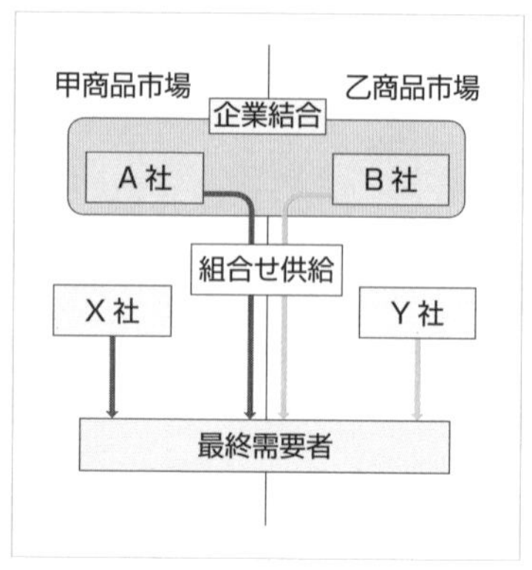

イ　秘密情報の入手

技術的要因などから、当事会社グループがそれぞれ供給する商品について競争上の秘密情報を共有することがある。一方当事会社が他方当事会社を通じて自社の競争者の秘密情報を入手し、自己に有利に利用して競争者の競争圧力を弱めることで、市場の閉鎖性・排他性の問題を生じる可能性がある。

(2)潜在競争の消滅

新規参入した場合に自己の有力な競争者になることが見込まれる他方当事会社と企業結合すれば、**新規参入の競争圧力を消滅**させ、市場支配力を形成することが可能になる。一方当事会社の市場の参入障壁が低く新規参入の競争圧力が強いため、既存企業のみでは市場支配力を形成することが困難な場合に問題となりやすい。

たとえば、ある市場において、すでに事業を行う他方当事会社Aが、データや知的財産権などを多数保有しており、当該市場に新規参入すれば有力な競争者となることが見込まれる一方当事会社Bと混合型企業結合を行って、BがAの競争者として新規参入する可能性を消滅させたならば、Aは当該市場において市場支配力を形成することになるような場合が、これにあたる。

【2】協調的行動による競争の実質的制限

垂直型企業結合と同様、統合を通じて競争上の秘密情報を入手したり、混合型市場閉鎖によって競争単位が減少したりすることにより、協調行動を促進する可能性がある。

企業結合規制に関する事例――新日鉄住金(現 日本製鉄)

2012年10月1日、新日本製鉄(以下「新日鉄」という)と住友金属工業(以下「住金」という)が経営統合し、新日鉄住金が誕生した。これによって、世界第2位の鉄鋼メーカーが誕生したことになる。

実は、新日鉄は富士製鉄と八幡製鉄が1970年に合併してできた会社である。この合併の際には、大きな議論が沸き起こった。富士製鉄も八幡製鉄も、当時、国内で1、2位を争う大手メーカーであり、両者が合併することは独占禁止法違反になるのではないかといわれたものであった。このときは、合併反対の意見を述べる学者も多数おり、更に公正取引委員会は合併否認勧告をだした。これに対して、両社は、一部製品のシェアを競合他社に分けるなど厳しい措置をとることで独占禁止法違反回避を図った。結果的に、合併は成立したものの、公正取引委員会にも新日鉄にもわだかまりが残ってしまったといわれている。

このような歴史的背景下で、2012年の合併がなされた。この合併手続の特徴は、事前相談なくして円滑に手続を進めたところにある。従前実務上頻繁に行われていた事前相談は、2011年7月に公正取引委員会が廃止を決定している。新日鉄と住金の統合計画は、同年2月に発表されており、タイミングとしては事前相談をすることは可能であった。もっとも、事前相談をとった場合は、膨大な資料提出や質問を求められるなど企業側の負担が大きく、手続のスケジュールが立てづらかった。スケジュール管理のしやすさという面から、合併手続に関与した弁護士は、事前相談をあえてとらなかったのである。

現在の運用では、事前相談は廃止されている。事前相談が廃止された現在、企業結合手続の運用・進め方において非常に参考になる事例のひとつである。

次頁からの**表4－10**は、「競争を実質的に制限することとなる」か否かを判断する際の考慮要素を、企業結合ガイドラインに沿って網羅的に記載したものである。一部の要素については、内容も簡潔に説明した。各要素が競争に与える影響を具体的に想像することで、企業結合規制に対する理解がより進むだろう。

4－10 「競争を実質的に制限することとなる」の考慮要素

水平型企業結合の考慮要素			内　容
単独行動による競争の実質的制限	当事会社グループおよび競争者の地位ならびに市場における競争状況	市場シェアおよびその順位	
		当事会社間の従来の競争状況	
		共同出資会社の扱い	出資会社間での協調関係の有無
		競争者の市場シェアとの格差	
		競争者の供給余力、差別化の程度	
		研究開発	企業結合が商品の研究開発意欲にもたらす影響の有無
		市場の特性	ネットワーク効果・規模の経済性
		国際市場における商品役務の扱い	世界市場が画定される場合はその特殊性も考慮
	輸入圧力	制度上の障壁の程度	
		輸入コスト、流通上の問題の有無	
		輸入品との代替性	
		海外からの供給可能性の程度	
	参入圧力	制度上の障壁の程度	
		実態面での障害の程度	
		参入者の商品との代替性	
		参入可能性の程度	
	隣接市場からの競争圧力	商品の類似性	
		地理的に隣接する市場の状況	
	需要者からの競争圧力	需要者間の競争状況	
		取引先の変更容易性	
		市場の縮小状況	需要が供給を大きく下回る状況にあるか
	総合的な事業能力	企業結合による総合的な事業能力の向上	競争者が競争的行動をとりにくくなるか

	効率性	企業結合固有の効率性の向上	当事会社グループが競争的行動をとりやすくなるか
		効率性の向上の実現可能性	
		効率性の向上による需要者の厚生の増大	
	当事会社グループの経営状況	業績不振等	各当事会社の経営状況
		競争を実質的に制限することとなるおそれは小さい場合	企業結合が競争の回復につながるか
	一定の取引分野の規模		複数事業者による競争が成り立つか
協調的行動による競争の実質的制限	当事会社グループおよび競争者の地位ならびに市場における競争状況	競争者の数等	
		当事会社間の従来の競争状況	
		競争者の供給余力	
		共同出資会社の扱い	
	取引の実態等	取引条件に関する情報共有等	競争者の行動を予測しやすくなるか
		需要動向・技術革新等	協調的行動をとるインセンティブがはたらくか
		過去の競争状況	競争者の行動を予測しやすくなるか
	輸入圧力	単独行動による競争の実質的制限に同じ	
	参入圧力		
	隣接市場からの競争圧力		
	需要者からの競争圧力		
	効率性		
	当事会社グループの経営状況		

垂直型企業結合の考慮要素		内　容
単独行動による競争の実質的制限	川下市場において市場の閉鎖性・排他性が生じる程度	供給拒否等や秘密情報の入手
	川上市場において市場の閉鎖性・排他性が生じる程度	購入拒否等や秘密情報の入手
	競争圧力等の考慮	水平型企業結合における単独行動による競争の実質的制限と同様
協調的行動による競争の実質的制限	協調行動をとりやすくなるか	競争上重要な情報が入手しやすくなるか
	競争圧力等の考慮	水平型企業結合における協調的行動による競争の実質的制限と同様

混合型企業結合の考慮要素		内　容
単独行動による競争の実質的制限	市場の閉鎖性・排他性が生じる程度	組合せ供給・秘密情報の入手
	潜在的競争者の企業結合	潜在的競争圧力の消滅
	競争圧力等の考慮	水平型企業結合における単独行動による競争の実質的制限と同様
協調的行動による競争の実質的制限	協調行動をとりやすくなるか	競争上重要な情報が入手しやすくなるか
	競争圧力等の考慮	水平型企業結合における協調的行動による競争の実質的制限と同様

6. 共同出資会社

共同出資により、出資会社がこれまで単独で行うことが不可能であった事業活動が可能になる場合があるが、この場合、共同出資会社は競争促進的である。これに対して、共同出資会社が、出資会社が単独で行っている事業活動、または単独で行うことが可能である事業活動を行う場合には、出資会社間の競争を減殺する可能性があるので問題となる。企業結合ガイドラインでは、①特定の事業活動の全部を共同出資会社に統合する場合と、②特定の事業活動の一部を共同出資会社に統合する場合に分けて検討している。ここでも、それに倣い検討する。

1 特定の事業活動の全部を共同出資会社に統合する場合

これは、部分合併とよばれるものであり、当該市場における出資会社間の合併と同様に考えることになる。企業結合ガイドラインでは、「ある商品の生産・販売、研究開発等の事業すべてが共同出資会社によって統合される場合には、共同出資会社について、市場シェア等を考慮することになる」とされている（企業結合ガイドライン　第4・2(1)ウ）。

2 特定の事業活動の一部を共同出資会社に統合する場合

企業結合ガイドラインでは、「出資会社が行っていた特定の事業部門の一部が共同出資会社によって統合される場合等には、出資会社についても、競争者と協調的な行動をとるとみられるか否かを考慮することとなる。出資会社間についても競争者と協調的な行動をとるとみられるか否かを考慮すべきかどうかの判断に当たっては、共同出資会社に係る出資会社間の具体的な契約の内容や結合の実態、出資会社相互間に取引関係がある場合にはその内容等を考慮する」としている（企業結合ガイドライン　第

4・3(1)エ)。

共同出資会社が出資会社の機能の一部を統合する場合には、出資会社間に協調関係が発生しないかを検討する必要がある。情報遮断措置などにより発生を回避することは可能であるが、もう一歩進んで、そのような措置にもかかわらず、生産費用の共通化等により事実上そのような効果が発生することがないのか検討が必要である。

出資会社間の協調的行為等は、複数の共同出資会社を通じて、間接的に生じる可能性もある。たとえば、A社とB社が共同出資会社を設立し、同時にB社とC社も共同出資会社を設立する場合、費用を共通化する等により、B社を通じて、A社とC社の間に協調的行為が生じる可能性がある。

4－11　事業活動の一部の統合

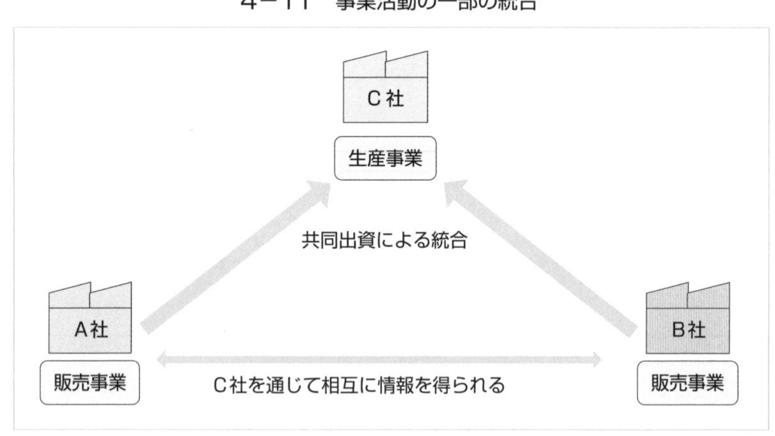

7. 手続関係

以下では、企業結合規制において重要な手続を紹介する。

1 届出制度

企業結合規制では、主要な企業結合類型について、一定の要件をみたす企業結合の届出を義務づけている。届出制度がおかれている企業結合類型とは、会社による株式保有(10条2項、5項)、合併(15条2項)、分割(15条の2第2項、3項)、共同株式移転(15条の3第2項)、事業譲受け(16条2項)である。一方で、届出制度がおかれていない規制類型は、役員兼任(13条)および会社以外による株式保有(14条)である。

2 審査手続

一定規模以上の会社が株式取得等の企業結合を行う場合、公正取引委員会による審査の対象となる。この場合、当事会社はあらかじめ企業結合計画を公正取引委員会に届け出る必要がある。

その後、次頁の図4−12のような手続で企業結合審査が行われることになる。

3 問題解消措置

［設例］

国内で菓子パンの製造販売を行っているA社は、同じく菓子パンの製造販売を行うB社との共同出資により菓子パンの販売を行うC社を新設し、販売事業をC社に統合することを計画している。国内において、ほかに菓子パンの製造販売事業を行う事業者は3社存在する。公正取引委員会が上記計画を審査したところ、計画が実施された場合、国内の菓子パン販売市場における競争を実質的に制限することとなるとの判断がなされた。A社としては、上記の計画を適法に実施するために、どのような措置をとることが考えられるか。

4－12　企業結合審査の流れ

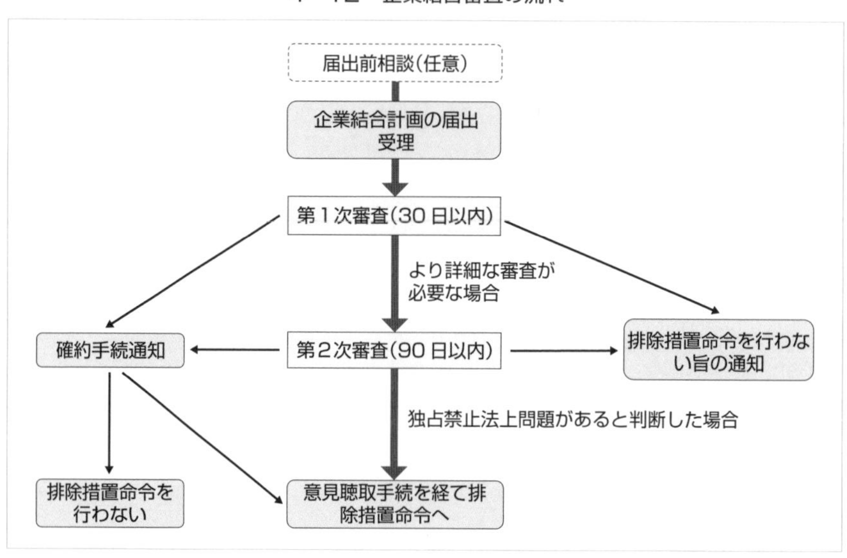

【1】問題解消措置とは

企業結合が競争を実質的に制限することとなる場合においても，当事者が一定の適切な措置を講じることにより，その問題を解消することができる場合がある。このような措置を問題解消措置という。当事者は問題解消措置を前提に届出をなし、または審査期間中もしくは審査期間後に問題解消措置の申出を行うことができる。

問題解消措置はさまざまなものが考えられるが、当事会社グループの市場支配力を緩和し、企業結合により失われる競争を回復できるものが基本となる。したがって、原則として企業構造を変更し、競争単位の数を回復するような措置をとるべきである。これを構造的措置という。もっとも、技術革新などにより市場構造の変動が著しい場合には、継続的な行動による措置をとるべきである。これを行動的措置という。

典型的な構造的措置は、事業譲渡や結合関係の解消である。行動的措置としては、情報遮断措置のほか、一定期間の生産の請負など競争者への継続的な支援を行うことなどがあげられる。

なお、事業譲渡を行うとしても、競争力の小さい相手に価値の小さい事業を譲渡したのでは、競争回復につながらない。また、継続的な支援を行うといっても当事者が積極的に行うインセンティブをもっているとはかぎらないし、逆に継続的な支援を通じて協調関係が発生する可能性もある。問題解消措置を検討する際には、競争回復のための適切な措置といえるか、問題解消措置自体に独占禁止法上の問題が生じないか、という注意が必要である。

【2】設例の検討

A社としては、問題解消措置を申し出ることによって、計画の実施による独占禁止法上の問題を解消することが考えられる。

まず、構造的措置として、当事会社グループであるA社とB社の事業部門(たとえば菓子パンの製造部門)の全部または一部を、他の菓子パン製造販売事業者に譲渡することが考えられる。これによって、既存の競争事業者の市場における牽制力を強化することができる。

また、C社を通じてA社とB社との間で情報の共有がなされると、菓子パンの販売をめぐって協調行動をもたらすおそれがある。そこで、A社とB社の情報が相互に流出しないようにする情報遮断措置を講じることも考えられる。

Googleグループとフィットビット Fitbitグループの統合事例

Googleは、Fitbitの株式に係る議決権の全部を取得することを計画し、公正取引委員会に届け出た。当該届出は10条2項および15条2項の要件をみたすものではなかったが、買収の規模の大きさにかんがみ、公正取引委員会が審査を行った。

Googleグループとfitbitグループとの統合に関して問題視されたのは、当事会社グループの結合によって、①GoogleグループがFitbitグループの競争事業者に対してAndroid OSの提供拒否等を行うおそれがあること(投入物閉鎖)、②当事会社グループが、Googleの提供する健康関連サービスと競合する健康関連アプリの提供者に対し、健康関連データの提供拒否等を行うおそれがあること(投入物閉鎖)、③Googleグループが、入手した健康関連データを自社のデジタル広告関連事業に利用するおそれがあること(データ利用の可能性)、であった。

これに対し、Googleグループは問題解消措置として、①' 10年間にわたり、腕時計型ウェアラブル端末メーカーに対してAndroidAPI(あるソフトウェアの機能に他のソフトウェアとの互換性をもたせる手段)を提供し、Androidスマートフォン端末と腕時計型ウェアラブル端末が連携して機能しうる状態を維持すること、②' 10年間にわたり、当事会社グループが提供する健康関連データについて、ユーザーの承諾のもと健康関連アプリの提供者が無償でアクセスできる状態を維持すること、③' 10年間にわたり、健康関連データを自社のデジタル広告事業に利用せず、これらのデータをGoogleグループのほかのデータと分離した状態を維持すること、を申し出た。審査の結果、適切な問題措置であることが認められたので、統合は独占禁止法上ただちに問題になるものではないとされた(公正取引委員会「グーグル・エルエルシー及びフィットビット・インクの統合に関する審査結果について」令和3年1月14日)。いずれも、統合によって市場の閉鎖性・排他性が生じることを回避するための行動的措置と評価できる。

第5章………不公正な取引方法

1.｜不公正な取引方法の概要

1 概要

不公正な取引方法は、19条で禁止される行為であり、各類型の定義は2条9項各号に定められている。

不公正な取引方法は、事業者が取引先事業者の販売価格、取扱商品、販売地域、取引先等を制限する行為である。不当な取引制限のような事業者と競争者との間でなされる水平的制限行為と対比して、**垂直的制限行為**という。

垂直的制限行為のうち、販売価格を制限する行為を**再販売価格維持行為**といい、それ以外を制限する行為を**非価格制限行為**という。

不公正な取引方法には多くの類型があるが、おおまかに分けると、2条9項1号から5号までに定義が定められている**法定類型**と、2条9項6号イからへまでに基づき公正取引委員会告示に定義が定められている**指定類型**とがある。指定類型については、すべての事業者に適用される**一般指定**と、大規模小売業や新聞業といった特定の事業者に適用される**特殊指定**とがある。もっとも、問題となるのは圧倒的に一般指定が多いので、これをおさえておけば十分である。なお、各類型のなかには、法定類型しかないものもあれば、法定類型と指定類型の両方が存在するものもある。詳細については、2【4】の表5－2を参照してほしい。

5－1　法定類型・指定類型

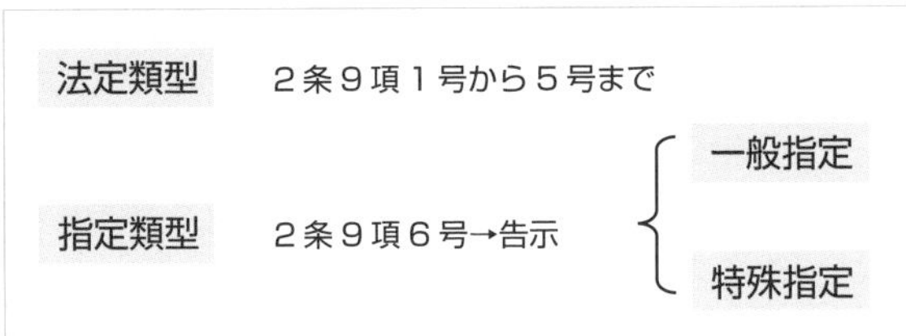

2 公正競争阻害性

【1】概要

不公正な取引方法がこれまでにみてきた他の規制類型と異なるのは、成立要件を競争の実質的制限ではなく、「公正な競争を阻害するおそれ」(公正競争阻害性。2条9項6号柱書)としている点である。「おそれ」とあることから、競争の実質的制限とは異なり、具体的に競争を阻害する効果が発生していることや、その高度の蓋然性があることまでは要件となっておらず、抽象的危険性があれば足りる。

基本事項については第1章第3節5で学習したので、不公正な取引方法の学習を始める前に必ず読み返してほしい。以下では、各行為類型に共通する事項について、更に詳しく説明する。

【2】不当性の内容

公正競争阻害性を内容とする規定の文言には、「不当に」「正常な商慣習に照らして不当に」「正当な理由がないのに」の3種類がある。行為の違法性の程度に応じて区別されることは、すでに説明した。

再販売価格維持行為は、流通業者間の価格競争を減少・消滅させることになるため、通常競争阻害効果が大きく、原則として違法とされる。

これに対し、非価格制限行為は、行為類型によって競争阻害効果の大きさが異なるため、原則として違法とされるものから、具体的事情に照らして公正競争阻害性があるかを検討する必要があるものまである。

【3】公正競争阻害性の内容

公正競争阻害性は、①自由競争減殺、②競争手段の不公正、③自由競争基盤の侵害の3つの場合に認められる。

⑴自由競争減殺

自由競争減殺は、競争回避によって生じる場合と競争排除によって生じる場合とがある。

再販売価格維持行為については、原則として競争回避による自由競争減殺が認められる。

非価格制限行為については、価格維持効果が生じる場合には競争回避による自由競争減殺が認められ、市場閉鎖効果が生じる場合には競争排除による自由競争減殺が認められる。

価格維持効果が生じる場合とは、当該行為の相手方とその競争者間の競争が妨げられ、当該行為の相手方がその意思で価格をある程度自由に左右し、当該商品の価格を維持しまたは引き上げることができるような状態をもたらすおそれが生じる場合をいう。

市場閉鎖効果が生じる場合とは、当該行為によって新規参入者や既存の競争者が代替的な取引先を容易に確保することができなくなり、事業活動に要する費用が引き上げられる、新規参入や新商品開発等の意欲が損なわれるなど、新規参入者や既存の競争者が排除される、またはこれらの取引機会が減少するような状態をもたらすおそれが生じる場合をいう。

⑵競争手段の不公正

競争手段の不公正については、すでに第１章第３節5において説明した。

⑶自由競争基盤の侵害

自由競争基盤の侵害についても、第１章第３節5において説明しているので、読み返しておいてほしい。

【４】正当化事由

不公正な取引方法については、私的独占や不当な取引制限と異なり、条文上、「公共の利益に反して」といった正当化事由の検討を求める文言はない。しかし、「公共の利益に反して」との文言は、正当化事由の検討を要求する確認的規定にすぎない。不公正な取引方法においては、公正競争阻害性の検討のなかで正当化事由が論じられる。とりわけ原則違法類型では、正当化事由の検討が重要な争点となる。

正当化事由の判断基準については、形式的には公正競争阻害性を有する行為に該当する場合であっても、独占禁止法の保護法益である自由競争経済秩序の維持と当該行為によって守られる利益とを比較衡量して、「一般消費者の利益を確保するとともに、国民経済の民主的で健全な発達を促進する」という独占禁止法の究極の目的（１条）に反しないと認められる例外的な場合には、当該行為は公共の利益に反せず、実質的には公正競争阻害性を有する行為にあたらないというべきである。具体的には、①目的が競争政策上是認しうるものであり、かつ②その内容・実施方法が目的達成のために合理的であるか否かにより判断される。

最後に、不公正な取引方法を表５－２のように一覧にしてまとめておく。

5−2　不公正な取引方法の比較

類型		条文（法定／指定）	不当性	公正競争阻害性
不当な差別的取扱い	共同の取引拒絶	2Ⅸ①	正当な理由	自由競争減殺
		2Ⅸ⑥イ・一般指定Ⅰ	正当な理由	
	その他の取引拒絶			自由競争減殺
		2Ⅸ⑥イ・一般指定Ⅱ	不当	
	差別対価	2Ⅸ②	不当	自由競争減殺
		2Ⅸ⑥イ・一般指定Ⅲ	不当	
	取引条件等の差別的取扱い			自由競争減殺
		2Ⅸ⑥イ・一般指定Ⅳ	不当	
	事業者団体における差別的取扱い等			自由競争減殺
		2Ⅸ⑥イ・一般指定Ⅴ	不当	
不当対価取引	不当廉売	2Ⅸ③	正当な理由	自由競争減殺
		2Ⅸ⑥ロ・一般指定Ⅵ	不当	
	不当高価購入			自由競争減殺
		2Ⅸ⑥ロ・一般指定Ⅶ	不当	
不当な顧客誘引・取引強制	欺まん的顧客誘引			競争手段の不公正
		2Ⅸ⑥ハ・一般指定Ⅷ	不当	
	不当な利益による顧客誘引			競争手段の不公正
		2Ⅸ⑥ハ・一般指定Ⅸ	不当*	
	抱き合わせ販売等			自由競争減殺 競争手段の不公正
		2Ⅸ⑥ハ・一般指定Ⅹ	不当	
事業活動の不当拘束	排他条件付取引			自由競争減殺
		2Ⅸ⑥ニ・一般指定Ⅺ	不当	
	再販売価格の拘束	2Ⅸ④	正当な理由	自由競争減殺
	拘束条件付取引			自由競争減殺
		2Ⅸ⑥ニ・一般指定Ⅻ	不当	
	優越的地位の濫用	2Ⅸ⑤	不当*	自由競争基盤侵害
		2Ⅸ⑥ホ・一般指定XIII	不当*	
不当な取引妨害・内部干渉	競争会社に対する内部干渉			自由競争減殺 競争手段の不公正
		2Ⅸ⑥ヘ・一般指定XV	不当	
	競争者への妨害			自由競争減殺 競争手段の不公正
		2Ⅸ⑥ヘ・一般指定XIV	不当	

＊「正常な商慣習に照らして」判断されるもの

2. 不当な差別的取扱い

不当な差別的取扱いとは、共同の取引拒絶、その他の取引拒絶、差別対価、取引条件等の差別的取扱い、事業者団体における差別的取扱い等の5類型を総称するものである。このうち、事業者団体における差別的取扱い等については、適用例がないため、本書では説明を省略する。

1 共同の取引拒絶

［設例］

着うたを提供する事業を共同で行っている音楽配信業者X_1およびX_2社は、着うた事業への参入を希望する他の事業者に対し、楽曲のライセンスを共同して拒絶した。X_1およびX_2社の行為は、独占禁止法上違法か。

【1】概要

(1)類型

共同の取引拒絶とは、複数の事業者が共同して、ある事業者との取引を拒絶し、また他の事業者をして取引を拒絶させることをいう。共同の取引拒絶には、法定類型（2条9項1号）と指定類型（2条9項6号イ・一般指定1項）がある。法定類型は事業者が供給をする場合に、指定類型は事業者が供給を受ける場合に、適用される。また、法定類型と指定類型はいずれも、直接の取引拒絶と間接の取引拒絶とに分かれる。したがって、共同の取引拒絶には、これらの組合せにより4つの類型が存在することとなる。

5−3　共同の取引拒絶の４類型

	直接の取引拒絶	間接の取引拒絶
法定類型＝供給をする場合	２条９項１号イ	２条９項１号ロ
指定類型＝供給を受ける場合	一般指定１項１号	一般指定１項２号

直接の取引拒絶とは、事業者Aがみずから、ある事業者Bとの取引を拒絶することをいう。他方、間接の取引拒絶とは、事業者Aが事業者Cに対し、事業者Bとの取引を拒絶させることをいう。

5−4　直接の取引拒絶・間接の取引拒絶

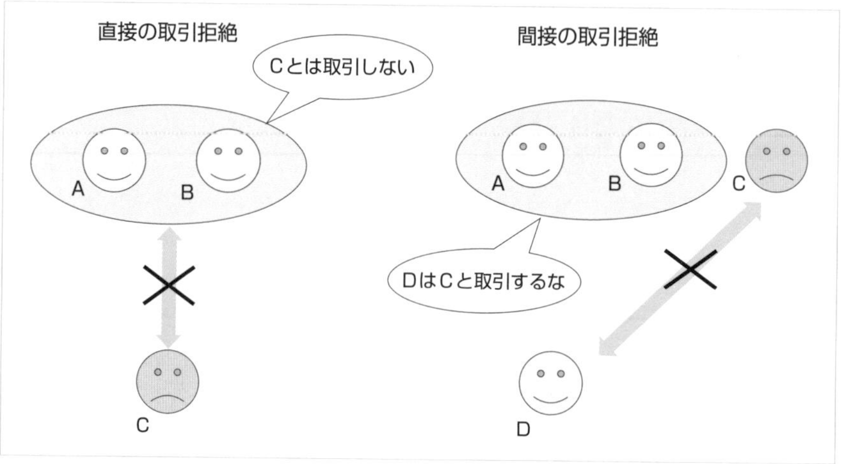

⑵他の類型との区別

共同の取引拒絶では、「共同して」という要件があることから、不当な取引制限として構成することも可能である。また、拒絶相手が排除されている点を捉えて排除型私的独占と構成することもできる場合がある。また、間接の取引拒絶の場合には、支配型私的独占にあたると考える余地もある。

共同の取引拒絶と不当な取引制限・排除型私的独占との違いは、当該行為のもたらす競争制限効果の程度の差に依存する。競争制限効果の程度が高く、いずれの要件もみたす場合については、共同の取引拒絶の行為要件にも該当する行為を排除型私的独占とした審決例(勧告審決平成９年８月６日審決集44巻238頁〔百選10事件〕)があることから、排除型私的独占にあたると考えられている。

★重要判例(勧告審決平成9年8月6日審決集44巻238頁〔百選10事件〕)

「10社及びX連盟は、結合及び通謀をして、参入を排除する旨の方針の下に、X連盟が所有又は管理運営する特許権等の実施許諾を拒絶することによって、ぱちんこ機を製造しようとする者の事業活動を排除することにより、公共の利益に反して、我が国におけるぱちんこ機の製造分野における競争を実質的に制限しているものであって、これは、特許法……又は実用新案法……による権利の行使とは認められないものであり、独占禁止法第2条第5項に規定する私的独占に該当し、独占禁止法第3条の規定に違反するものである。」

【2】行為要件

⑴「競争者」

共同の取引拒絶では、「競争者」と共同して行うことが要件となっている。「競争者」とは、同一の取引段階にある者をいい、縦の共同を含まないが、潜在的な競争関係にあれば足りるとされる。したがって、たとえば、メーカーと販売業者のように取引段階を異にする事業者同士であっても、販売面では実質上競合関係にある場合には、潜在的な競争関係があると認定され、共同の取引拒絶が成立することがある。

⑵「共同して」

「共同して」とは、不当な取引制限と同様、意思の連絡のことをいう。意思の連絡とは、複数事業者間で相互に同内容の行為をすることを認識または予測し、これと歩調をそろえる意思があることをいい、黙示のものであっても足りる。

⑶「拒絶」

「拒絶」には、文字どおり単に取引を拒絶する場合だけではなく、取引対象となる商品等の数量・内容を制限することも含む。たとえば、メーカーが流通業者に対し、従来供給してきた商品については供給を停止することなく、新商品についての供給を停止することも「拒絶」にあたる。また、「拒絶」には、すでに行われている取引の停止だけではなく、新たな取引申込みへの拒否も含まれる。

なお、間接の取引拒絶では、法定類型・指定類型のいずれも拒絶「させる」ことが要件となっているが、強制や強要といった強い拘束までは不要である。この点が、拘束条件付取引等に関する規定が適用される場面との違いとなる。

実際の適用例においては、ロックマン工法という特殊な工法の施工業者と、施工に必要不可欠なロックマン機械を販売している事業者が合意して、施工業者が作っている団体の会員以外の者には販売したり貸したりしないこととして、非会員に対してロックマン工事ができないようにしたという事案において、当該行為を共同の取引拒絶にあたるとした審決例(勧告審決平成12年10月31日審決集47巻317頁〔百選52事件〕)がある。

5−5　「拘束」の意義・「拘束」の程度

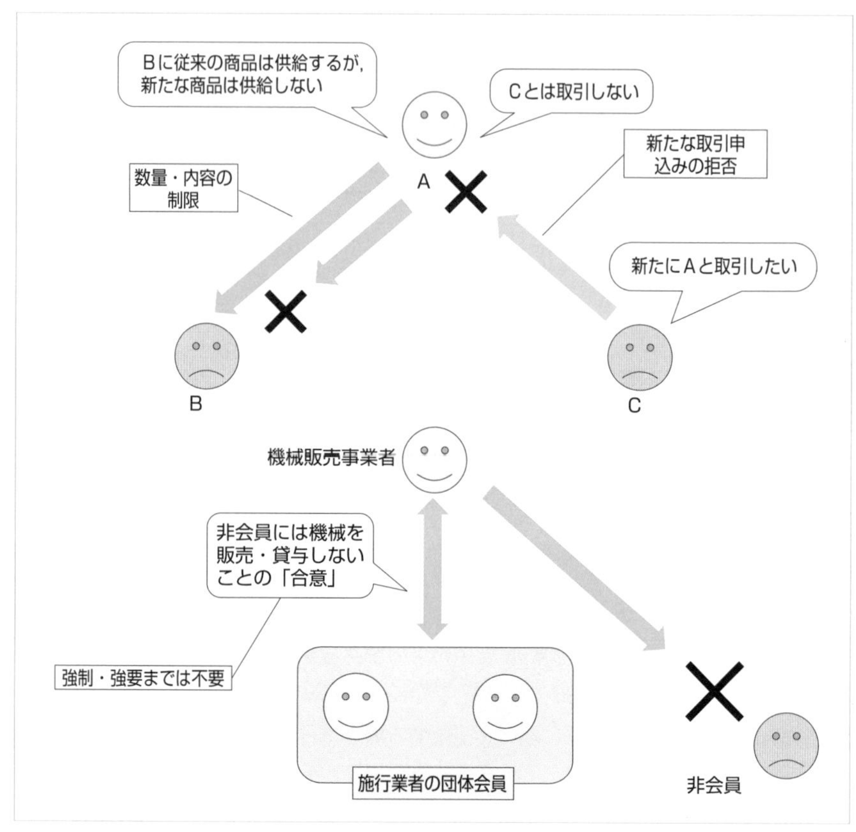

★重要判例（勧告審決平成12年10月31日審決集47巻317頁〔百選52事件〕）

「17社及びX社は、相互に協力して、17社にあっては、正当な理由がないのに、共同して非会員に対しロックマン機械の貸与及び転売を拒絶し、X社にあっては、不当に、非会員に対し、施工部会への入会が認められない限りロックマン機械の販売及び貸与を拒絶していたものであり、かかる17社及びX社の行為は、」2条9項1項イおよび一般指定1項1号の定める共同の取引拒絶にあたり、19条に違反する。

【3】公正競争阻害性

共同の取引拒絶は、取引先選択の自由を超えて人為的に行われる。したがって、通常の場合、被拒絶者において代替的な取引先を容易に確保することができなくなる。

そうすると、結果として被拒絶者の事業活動の継続や新規参入が困難になり、自由競争が減殺される。したがって、共同の取引拒絶は原則として違法となる。

もっとも、例外的に行為の態様、目的、市場の動向等を考慮したうえで、「一般消費者の利益を確保」（1条後段）するという独占禁止法の究極目的に反しないような「正当な理由」を有する場合には、公正競争阻害性が認められず、適法となる。

5−6　共同の取引拒絶の公正競争阻害性

不当性の程度	公正競争阻害性の内容	理由
「正当な理由がない」 →原則違法	市場閉鎖効果が生じる →自由競争減殺（競争者排除型）	取引先選択の自由を超えた人為性

【4】設例の検討

「事業者」であるX_1、X_2は、「共同して」他の事業者に対する楽曲のライセンスを「拒絶」している。これは、着うた提供事業市場において他の事業者が楽曲のライセンスを行う取引先を見出すことを困難にさせ、新規参入を断念させるものである。よって、X_1、X_2の行為には、原則として競争排除による自由競争減殺が認められ、これを覆す事情もない。したがって、X_1、X_2の行為には「正当な理由がない」といえる。以上より、X_1およびX_2の行為は共同取引拒絶に該当し、19条に違反する。

設例と同様の事案において、審決例（審判審決平成20年7月24日審決集55巻294頁）は、一方の着うた提供業者に対して楽曲の原盤権の利用許諾を行わないようにしている行為が、共同の取引拒絶にあたり、19条に違反するとした。なお、東京高判平成22年1月29日審決集56巻第2分冊498頁（百選51事件）も、審決の結論を支持している。

★重要判例（審判審決平成20年7月24日審決集55巻294頁）

「着うた提供事業において有力な地位にある5社……は、相互に着うた提供事業の市場において競争関係にあるところ、共同して、他の着うた提供業者に対し、利用許諾を拒絶していたものと認められるところ、……本件告示〔現行法2条9項1号イ〕の定めは、かかる共同の取引拒絶行為については、その行為を正当化する特段の理由がない限り、公正競争阻害性を有するものとするものである。しかるに、本件において、以上に判断したところに照らせば、5社又は被審人4社の上記共同取引拒絶行為が正当な理由によるものと認めるべき事情を何らうかがうことはできないから、当該行為は、公正競争阻害性を有するものとして、不公正な取引方法に該当することとなる。」

「被審人4社は、正当な理由がないのに、共同して……、他の着うた提供業者に対する利用許諾を拒絶しているものである」から、2条9項1号イの共同の取引拒絶に該当し、19条に違反する。

2 その他の取引拒絶（単独の取引拒絶）

［設例］

市場シェア第１位の電化製品販売業者であるX社は、販売代理店に対して、自社の電化製品を安売り業者に販売しないようにさせた。X社の行為は、独占禁止法上違法となるか。

【1】概要

その他の取引拒絶は、事業者が単独で取引拒絶を行う場合をいい、単独の取引拒絶とも称される。法定類型はなく、指定類型のみが規定されている。その他の取引拒絶は、事業者がある事業者に対しみずから取引を拒絶する直接の取引拒絶（２条９項６号イ・一般指定２項前段）、他の事業者をして取引拒絶をさせる間接の取引拒絶（２条９項６号イ・一般指定２項後段）の２つに分けられる。この分類は、共同の取引拒絶で述べたところと同じである（本節1）。

5−7　その他の取引拒絶の２類型

	直接の取引拒絶	間接の取引拒絶
指定類型	一般指定２項前段	一般指定２項後段

【2】行為要件

その他の取引拒絶の行為要件は、取引を「拒絶」することである。ここでいう「拒絶」は、共同の取引拒絶における議論がそのまま妥当する。したがって、すでに行われている取引の停止だけではなく、新たな取引申込みへの拒否も含まれる。

【3】公正競争阻害性

事業者がどの事業者と取引をするかは、基本的には事業者の取引先選択の自由の問題である。したがって、事業者が、価格、品質、サービス等の要因を考慮して、独自の判断によって、ある事業者と取引しないこととしても、原則として違法とはいえない。

しかし、直接の取引拒絶においては、例外的に、①取引拒絶を独占禁止法上違法な行為の実行を確保する手段として用いる場合、②市場における有力な事業者が、競争者を市場から排除するなどの独占禁止法上不当な目的を達成するための手段として、取引拒絶を行い、これによって取引を拒絶される事業者の通常の事業活動が困難となるおそれがある場合には、自由競争減殺をもたらすから、「不当に」なされたものとして、公正競争阻害性が認められ、違法となる(流通・取引慣行ガイドライン 第2部第3・2)。

他方、間接の取引拒絶は、他の事業者に取引拒絶を行わせる行為なので、単なる取引先選択の自由の行使にとどまるものではない。そこで、有力な事業者が拒絶し、拒絶された者の取引の機会が減少し、代替的な取引先を容易に確保することができなくなるおそれがあれば、自由競争減殺をもたらすから、「不当に」なされたものといえ、公正競争阻害性が認められ、違法となる(流通・取引慣行ガイドライン 第1部第2・2(1)イ)。

ここでいう、有力な事業者とは、市場シェアが20パーセントを超えることがいちおうのめやすとなる(流通・取引慣行ガイドライン 第1部3(4))。

5−8 その他の取引拒絶の公正競争阻害性

	不当性の程度	公正競争阻害性の内容	理　由
直接の取引拒絶	「不当に」 →原則違法ではない	①取引拒絶を独占禁止法上違法な行為の実行を確保する手段として用いる場合 ②市場における有力な事業者が、独占禁止法上不当な目的を達成するための手段として、取引拒絶を行い、これによって取引を拒絶される事業者の通常の事業活動が困難となるおそれ →自由競争減殺	取引先選択の自由
間接の取引拒絶	「不当に」 →原則違法ではない	有力な事業者が拒絶し、市場閉鎖効果が生じる →自由競争減殺	取引先選択の自由。ただし、単なる取引先選択の自由の行使にとどまらない

【4】設例の検討

「事業者」であるX社は、販売代理店を通じて安売り業者と自社製の電化製品を取引することを間接的に「拒絶」している。電化製品販売市場シェアで第1位の有力な事業者であるX社の拒絶により、安売り業者の取引の機会は減少し、ほかに代わりうる取引先を容易に見出すことができなくなっている。よって、上記の市場における自由競争減殺が認められ、「不当に」をみたす。以上より、X社の行為は単独の間接の取引拒絶に該当し、19条に違反する。

設例と同様の事案において、審決例(勧告審決平成13年7月27日審決集48巻187頁〔百選55事件〕)は、単独の間接の取引拒絶にあたるとして、19条に違反するとした。

★重要判例(勧告審決平成13年7月27日審決集48巻187頁〔百選55事件〕)

「X社は、不当に、代理店等に、X社製電気製品の廉売を行う未取引先小売店に対するX社製電気製品の販売を拒絶させていたものであり、」一般指定2項後段に定める単独の取引拒絶に該当し、19条に違反する。

3 差別対価

［設例］

ビニルタイル製造業者4社は、ビニルタイルの販売価格につきカルテルを行った。そのうえで、4社は、この価格カルテルの実効性を確保するため、ビニルタイル協会の非組合員に対して、組合員への販売価格より1枚あたり5円高い価格を設定した。4社の行為は、独占禁止法上違法となるか。

【1】概要

差別対価は、取引条件等の差別的取扱いの特別規定であり、対価に関して差別を設けるものである。法定類型(2条9項2号)と指定類型(2条9項6号イ・一般指定3項)がある。法定類型は、商品等の供給者側のみを規定し、継続性が要件となる。指定類型は、商品等の供給者側のみならず、被供給者側についても規定し、継続性は要件とならない。

5−9　法定類型・指定類型の区別

	単発	継続
供給者側	指定	法定
被供給者側	指定	

また、取引拒絶と異なり、相手方は「事業者」に限定されていない。したがって、消費者に対して異なる商品価格を設定することも差別対価にあたることがある。

さらに、条文上、差別対価は、「相手方」による差別と、「地域」による差別とに分けられている。「相手方」による差別とは、たとえば、学生であるか否かにより価格差を設ける学生割引がこれにあたる。「地域」による差別とは、東京都と埼玉県とでサービスの提供価格に差を設けるような場合である。

5－10　差別対価の２類型

①地域による差別
②相手方による差別

【２】行為要件

⑴「商品又は役務」

差別対価における「商品又は役務」は、同一のものであることを要する。もっとも、物理的に完全に同一であることは必要でなく、全体として実質的に同一であれば足りる。

実際の適用例においては、「A新聞」、「B新聞」と異なる名称で新聞が発行されていたとしても、記事量や内容がほとんど同じであり、「B新聞」は「A新聞」の地方版として扱われていたとの事情のもとで、両者を同一の商品であると認定した裁判例（東京高決昭和32年３月18日行集８巻３号443頁）がある。

★重要判例（東京高決昭和32年３月18日行集８巻３号443頁）

「規定の趣旨は新聞の発行又は販売を業とする者がその自己の商品たる新聞につき、地域又は相手方により定価を異にすることをいうにあり、その相異なる定価の付せられた２個の新聞が本来同一のもの、従って本来同一の定価を付すべきものであることを前提としていることは明らかであるから、X社の発行販売するA新聞とB新聞とがここにいう同一のものと認められるかどうかについていちおう検討しなければならない。

新聞のいわゆる同一性の問題、すなわち、ある新聞と他の新聞とが同じものか違うものかということは、いろいろな場合に問題となるがこれを統一的に判断すべき一般的基準を設けることは困難であり、それぞれの問題の場合に即して、かつ２個の新聞のもつ諸般の事情を勘案して具体的に判断するほかないものと考えられる。」

本件において、「両者はその新聞の種類において先ず同一の範疇（ちゅう）に属し、月間記事量もほとんど同量であるのみならず、連日の紙面構成において地方的記事を除いたその余の一般的記事においてはその選択、処理において一貫した共通性をもち、新聞のもつ主張を端的に表明する社説においても一部地方的関心事を除いては同一であって、継続購読を確保する一の有力手段たる連載小説の類については全く同じいこと（それが原作料等経費節約のためであってもこの事実自体のもつ意味は動かしがたい）等と相まって、紙面にあらわれた両者の性格は１つのものというべく、その上少くとも本件事案発生の時までX社自身B新聞をもってA新聞の富山版としこのことを内外に表明していたのであって、その後X社がB新聞の題号下の『A新聞富山版』なる附記を削除したという事実だけではまだ両者の性格を変更したものとは解せられない。これを要するにA新聞とB新聞とは結局……同一の新聞と認めてさまたげないものというべきである。」

⑵「対価」

「対価」とは、商品・役務の給付に対して現実に支払う価格をいう。したがって、値引きなどがある場合は、値引額を控除した価格が「対価」となる。

ところで、商取引においては、メーカー等が販売促進のために、取引業者に対して売上金を元に一定の割戻金としてリベートを支払うケースがある。そこで、リベートを割り戻す場合に「対価」をどのように計算するかが問題となる。

メーカー等が、取引業者の扱う自社商品の数量に応じて一定額を割戻金として支払う数量リベートの場合は、商品価格からリベート相当額を控除した額が「対価」となる。これに対し、メーカー等が取引業者の売上額に占める自社商品の割合に応じて割戻金を支払う占有率リベートや、価格水準の維持、販売方法の遵守といったメーカー等による販売政策に対する取引業者の忠誠度に応じて割戻金を支払う忠誠度リベートの場合には、商品あたりの対価を算定することが困難である。したがって、占有率リベートや忠誠度リベートの場合、差別対価ではなく、取引条件等の差別的取扱い(2条9項6号イ・一般指定4項)を検討するべきである。

5－11　数量リベート

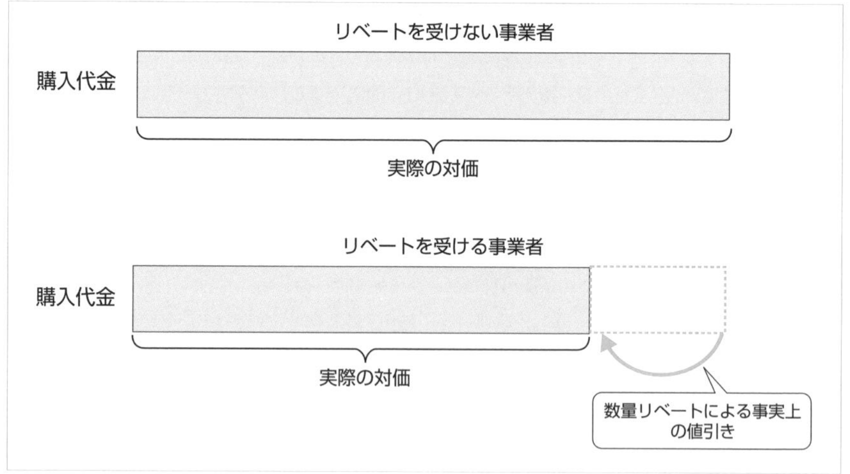

5−12 リベートの取扱い

リベートの種類	適用条項
数量リベート	差別対価 「対価」＝（商品価格）−（リベート額）
占有率リベート	取引条件等の差別的取扱い
忠誠度リベート	取引条件等の差別的取扱い

【3】公正競争阻害性

取引相手によって対価に差異を設けること自体は、企業の合理的行動として許容される。したがって、差別対価は原則として違法とならない。もっとも、差別対価によって自由競争減殺が認められる場合には、「不当に」といえ、公正競争阻害性が認められる。

自由競争減殺は、①自己の競争者の事業活動を困難にさせるおそれがある場合（第1次侵害）、②取引の相手方を競争上著しく有利または不利にさせるおそれがある場合（第2次侵害）、③独占禁止法上違法または不当な目的を達成するために用いられる場合に認められる（独禁研報告書）。

5−13 差別対価の公正競争阻害性

不当性の程度	公正競争阻害性の内容	理由
「不当に」 →原則違法ではない	①自己の競争者の事業活動を困難にさせるおそれがある場合＝第1次侵害 ②取引の相手方を競争上著しく有利または不利にさせるおそれがある場合＝第2次侵害 ③独占禁止法上違法または不当な目的を達成するために用いられる場合 →自由競争減殺	企業の合理的行動として許容

【4】設例の検討

「事業者」である4社は、ビニルタイルという同一の「商品」の販売単価について、協会の組合員と非組合員とで差を設けているから、「相手方により差別的な対価をもって」ビニルタイルを供給している。そして、本件差別対価は、取引の相手方の組合加入を促進し、価格カルテルの実効性を確保することを目的としている。したがって、本件差別対価は独占禁止法上違法な目的を達成するために用いられており、自由競争減殺が認められ、「不当に」をみたす。以上より、4社の行為は一般指定3項に定める差別対価に該当し、19条に違反する。

設例と同様、価格カルテルの実効性を確保する手段として、取引相手がビニ協組合員か非組合員かによって販売価格に差を設けたとの事案について、審決例(勧告審決昭和55年２月７日審決集26巻85頁〔百選57事件〕)は、差別対価にあたり、19条に違反するとした。

★重要判例(勧告審決昭和55年２月７日審決集26巻85頁〔百選57事件〕)

「４社は、共同して、市況品の販売価格を引き上げ、維持することにより、公共の利益に反して、市況品の販売分野における競争を実質的に制限しているものであって、これは、独占禁止法第２条第６項に規定する不当な取引制限に該当し、同法第３条の規定に違反するものである。」また、「X_1、X_2及びX_3は、正当な理由がないのに、相手方により差別的な対価をもって、市況品を供給しているものであって、」一般指定３項に定める差別対価にあたり、19条に違反する。

4 取引条件等の差別的取扱い

［設例］

国産自動車向け補修用ガラス卸売業者であるX社は、競合品である輸入品を取り扱う取引先ガラス商に対する卸売価格を引き上げ、また配送回数を減らした。補修用ガラスの取引においては、迅速なガラスの供給が重要であったため、X社の行為の結果、輸入品を取り扱う取引先ガラス商の数は減少した。X社の行為は、独占禁止法上違法か。

【１】総論

取引条件等の差別的取扱いは、価格以外の条件に関する差別を定めるものであり、差別対価に対する一般規定と位置づけられる。したがって、基本的には差別対価における考え方が妥当する。法定類型はなく、**指定類型**(２条９項６号イ・一般指定４項)があるのみである。

【2】行為要件

取引条件等の差別的取扱いの行為要件は、「取引の条件」または「取引の……実施」について「有利又は不利な取扱い」をすることである。対象となる商品やサービスは、差別対価と同様、全体として実質的に同一の商品・役務であればよい。また、「取引の……実施について有利又は不利な取扱い」というのは、「取引の条件」とはなっていないものの、事実上取引に関連して行われる取扱いを意味する。

【3】公正競争阻害性

取引条件等の差別的取扱いの公正競争阻害性は、差別対価と基本的に同様である。すなわち、取引相手によって取扱いに差異を設けること自体は、企業の合理的行動として許容される。したがって、取引条件等の差別的取扱いは原則として違法とならない。もっとも、取引条件等の差別的取扱いによって自由競争減殺が認められる場合には、「不当に」といえ、公正競争阻害性が認められる。

自由競争減殺は、①自己の競争者の事業活動を困難にさせるおそれがある場合(第1次侵害)、②取引の相手方を競争上著しく有利または不利にさせるおそれがある場合(第2次侵害)、③独占禁止法上違法または不当な目的を達成するために用いられる場合に認められる。

これは、独禁研報告書の記載を参考にした分類であり、自己の競争者の事業活動を困難にさせるおそれがある場合を第1次侵害、自己の取引の相手方を競争上有利または不利にするおそれがある場合を第2次侵害と分けている。

5－14　取引条件等の差別的取扱いの公正競争阻害性

不当性の程度	公正競争阻害性の内容	理由
「不当に」 →原則違法ではない	①自己の競争者の事業活動を困難にさせるおそれがある場合　=第1次侵害 ②取引の相手方を競争上著しく有利または不利にさせるおそれがある場合　=第2次侵害 ③独占禁止法上違法または不当な目的を達成するために用いられる場合 →自由競争減殺	企業の合理的行動として許容

【4】設例の検討

設例と同様の事案において、審決例(勧告審決平成12年2月2日審決集46巻394頁〔百選58事件〕)は、X社が取引相手方であるガラス商との間で、社外品の卸売価格や、ガラス商への配送回数について差別的な取扱いをした行為が、取引条件等の差別的取扱いにあたるとして、19条に違反するとした。

★重要判例（勧告審決平成12年2月2日審決集46巻394頁〔百選58事件〕）

「X社は、積極的に輸入品を取り扱う取引先ガラス商に対して、社外品の卸売価格を引き上げ、配送の回数を減らす行為を行っているものであり、これは、不当に、ある事業者に対し取引の条件又は実施について不利な取扱いをするものであって、」一般指定4項に定める取引条件等の差別的取扱いにあたり、19条に違反する。

3. 不当対価取引

不当対価取引とは、不当廉売および不当高価購入の2類型を総称するものである。このうち、不当高価購入は、これまで適用された事例がないため、簡単な説明にとどめる。

1 不当廉売

［設例］

スーパーマーケットX_1は、従来1本あたり178円で販売していた牛乳を、1本あたり158円で廉売しはじめた。すると、競合店であるスーパーマーケットX_2は、牛乳を1本あたり155円に引き下げた。その後、X_1とX_2の両店は、交互に対抗的に値下げを繰り返し、最終的に牛乳を1本目は100円、2本目から150円とした。X_1とX_2の両店の牛乳の仕入価格は、1本あたり150円であった。これに対し、X_1とX_2の両店と競合関係にあった近隣の牛乳専売店では、牛乳の仕入価格は1本あたり200円程度であり、X_1とX_2の廉売には到底対抗できなかった。X_1とX_2の両店の行為は、独占禁止法上違法となるか。

【1】総論

不当廉売とは、商品等を低価格で販売する行為を規制するものである。低価格競争自体は、むしろ独占禁止法の目的に沿うものであるから、原則として違法とはならない。しかし、実際の経済活動においては、たとえば、一時的には多少の赤字にも耐えうるような優位性をもつ企業が競争者を排除するために著しい低価格販売をすることによって、そのような優位性をもたない競争者を意図的に排除することがある。このような、不当な低価格販売を規制しようとするのが、不当廉売規制である。

不当廉売には、法定類型（2条9項3号）と指定類型（2条9項6号ロ・一般指定6項）がある。法定類型は、商品等の供給者側のみを規定し、継続性が要件となる。指定類型は、商品等の供給者側のみならず、被供給者側についても規定し、継続性は要件とならない。この点は、差別対価と同様である。また、不当廉売では、対価の高低によって法定類型か指定類型かが異なる。詳細については、図5－15を参照してほしい。

5－15　法定類型・指定類型の区別

	単発	継続
可変費用～総販売原価	指定	
可変費用以下	指定	法定

不当廉売については、正式な法的措置がとられることこそ少ないものの、公正取引委員会に対する申告件数はきわめて多い。このため、公正取引委員会は、不当廉売に関して「不当廉売に関する独占禁止法上の考え方」（平成29年6月16日公正取引委員会。以下「不当廉売ガイドライン」という）と題するガイドラインを策定している。不当廉売に関しては、この不当廉売ガイドラインが考え方の基準となる。そこで、本項では不当廉売ガイドラインに従って解説する。

【2】行為要件

⑴法定類型の対価

法定類型においては、対価が「供給に要する費用を著しく下回る対価」であることが必要となる。

ア　概要

不当廉売規制の目的は、廉売行為者みずからと同等またはそれ以上に効率的な事業者の事業活動を困難にさせるおそれがあるような廉売を規制することにある。よって、「供給に要する費用」とは、廉売行為者の総販売原価をいう。そして、これを「著しく下回る」か否かは、廉売対象商品を供給することによって発生する費用を下回る収入しか得られないような価格であるかどうかという観点からの個別判断が必要である。もっとも、可変的性質をもつ費用を下回る価格であれば、「著しく下回る」ものと推定される。

ここで、可変的性質をもつ費用（可変費用ともよばれる）とは、廉売対象商品を供給しなければ発生しない費用をいう。仕入原価や製造原価は、通常これにあたる。可変的性質をもつ費用であるかは、廉売対象商品の供給量の変化に応じて増減する費用か、廉売対象商品の供給と密接な関連性を有するかという観点から評価される。

イ　費用概念

総販売原価とは、販売業においては仕入原価、製造業においては製造原価に、それぞれ販売費および一般管理費（あわせて、販管費ともよばれる）を加えたものをいう。販売費および一般管理費とは、具体的には、販売員の人件費、広告宣伝費、管理部門の人件費や交通費などから構成される。なお、販売費および一般管理費というのは、企業会計における貸借対照表上の勘定科目の名称であり、一括りの概念である。

たとえば、設例のようにスーパーマーケットが牛乳を仕入れて消費者に販売する場合には、メーカーがスーパーマーケットに牛乳を販売した額が仕入原価となる。そして、スーパーマーケットが配布する近隣住民へのチラシの印刷費、牛乳の販売促進のための販売員の人件費等の合計額が、販売費および一般管理費となる。

5－16　不当廉売の費用概念

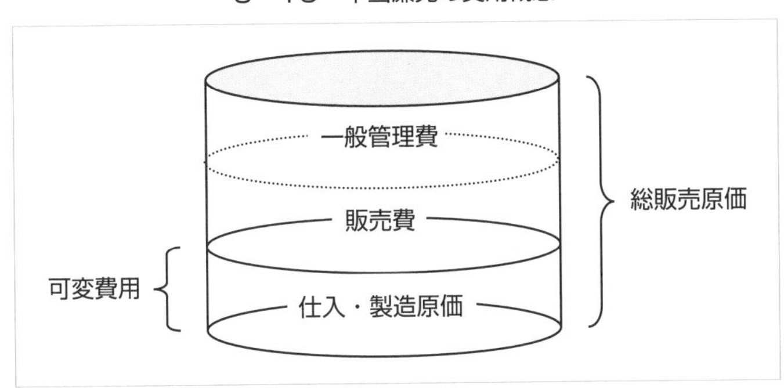

費用概念の整理

固定費用とは、当該商品役務を供給するのに要する費用のうち、商品役務の供給量に応じて変化しないものをいう。可変費用とは、当該商品役務を供給するのに要する費用のうち、商品役務の供給量に応じて変化するものをいう。

さらに、固定費用は、当該商品役務のみに用いられる固定費用と、他の商品役務と共通して用いられる固定費用（共通費用）とに分けられる。

ウ　「継続して」

法定類型は、指定類型と異なり、廉売が「継続して」行われたことが必要となる。

不当廉売に該当するためには、廉売が廉売行為者みずからと同等に効率的な事業者の事業の継続等にかかる判断に影響を与えうるものであることが必要である。よって、「継続して」とは、相当期間にわたって繰り返して廉売を行い、または廉売を行っている事業者の営業方針等から客観的にそれが予測されることであるが、毎日継続して行われることを必ずしも要しない。

⑵指定類型の対価

指定類型においては、対価が「低い対価」であることが必要となる。低価格販売が不当となるのは、自己の効率性の発揮とはいえない採算を度外視した低価格で、同等に効率的な事業者の事業活動さえ困難にさせる点にある。したがって、「低い対価」といえるためには、総販売原価を下回ることが必要である。

5－17　「著しく下回る対価」と「低い対価」

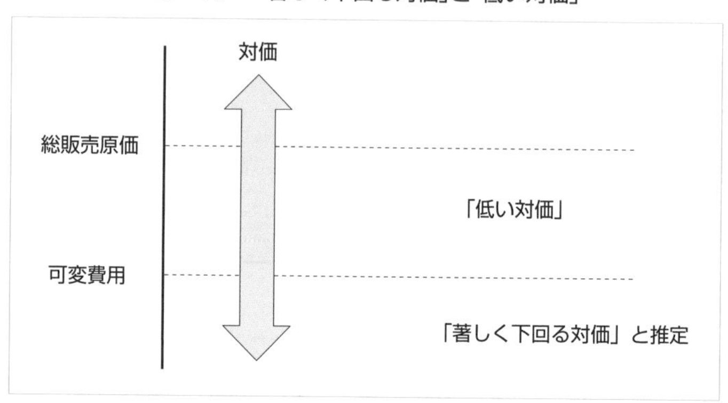

⑶「他の事業者の事業活動を困難にさせるおそれ」

法定類型と指定類型のいずれも、「他の事業者の事業活動を困難にさせるおそれ」が要件となる。この要件は、困難化要件ともよばれる。

ア　「他の事業者」

「他の事業者」とは、原則として、廉売対象商品について当該廉売を行っている者と競争関係にある者をいう。もっとも、廉売の態様によっては、競争関係にない者が含まれる場合もありうる。たとえば、小売業者と製造業者は取引段階が異なるため本来は競争関係にない。しかし、小売業者の廉売によって製造業者の競争に影響が及ぶ場合には、例外的に「他の事業者」に、製造業者が含まれることがある。

イ　「事業活動を困難にさせるおそれ」

「事業活動を困難にさせるおそれ」とは、現に事業活動が困難になることは必要でなく、諸般の状況からそのような結果が招来される具体的な可能性が認められる場合を含む趣旨である。このような可能性の有無は、他の事業者の実際の状況のほか、廉売行為者の事業の規模および態様、廉売対象商品の数量、廉売期間、広告宣伝の状況、廉売対象商品の特性、廉売行為者の意図・目的等を総合的に考慮して、個別具体的に判断される。

たとえば、有力な事業者が、競合する他の事業者を排除する意図をもって、廉売を行い、結果として急激に販売数量が増加し、市場シェアが第1位になったような場合には、個々の競合する他の事業者の事業活動が現実に困難となっていなくても、そのような結果が招来される具体的な可能性があるから、「事業活動を困難にさせるおそれ」が認められる。

ウ　市場価格との関係

不当廉売の成立には、廉売の対価が**市場価格を下回る**ことも必要であるところ、裁判例では、この判断は、「他の事業者の事業活動を困難にさせるおそれ」の判断に吸収されると考えられている(東京高決昭和50年4月30日審決集22巻301頁〔百選60事件〕参照)。

★重要判例(東京高決昭和50年4月30日審決集22巻301頁〔百選60事件〕)

「いわゆる不当廉価とは、単に市場価格を下回るというのではなく、その原価を下回る価格をいうと解すべき」である。本件では、「X社の右の価格は一応その原価に対応するものであることが認められる。しかし、右原価なるものは、その大部分はX社のいわゆる企業努力によるものというよりは、X社がA社との業務提携による強大な援助をえているという特殊の事情に起因して定められているものであり、これなくしてはありえないものであることが明らかである。従って、このような特殊な要因に基づいて定められた原価は、右不当廉価の基準たるべき原価としては、そのまま是認することはできないものである。何となれば、独占禁止法上互いに競争関係にある事業者の1人がその物資等を提供する対価が不当に廉価であって不公正な取引方法に当るかどうかを判断するに当っては、その原価を形成する要因が、そのいわゆる企業努力によるものでなく、当該事業者の場合にのみ妥当する特殊な事情によるものであるときは、これを考慮の外におき、そのような事情のない一般の独立の事業者が自らの責任において、その規模の企業を維持するため経済上通常計上すべき費目を基準としなければならないからである。」

【3】公正競争阻害性

不当廉売の公正競争阻害性は、法定類型と指定類型とで、不当性の程度が異なる点に注意したい。これは、法定類型の定める低価格は明らかに行きすぎであり、違法性が推認されるのに対し、指定類型ではその程度にいたらない程度の低価格であるため、ただちに違法とは考えられないことによる。

⑴法定類型

法定類型では、「正当な理由」なくして廉売が行われた場合に、公正競争阻害性が認められる。

法定類型の定める、可変的性質をもつ費用を著しく下回る対価で継続して商品役務の供給を行う行為は、企業努力または正常な競争過程を反映せず、競争事業者の事業活動を困難にさせるなど、公正な競争秩序に悪影響を及ぼすおそれが高い。

したがって、このような廉売行為は自由競争を減殺するものであるから、原則として違法となり、「正当な理由」がある場合にかぎり許容される。そして、「正当な理由」の有無は、もっぱら公正な競争秩序維持の見地に立ち、具体的な場合における行為の意図・目的、態様、競争関係の実態または市場の状況等を総合考慮して判断すべきである。

⑵指定類型

法定類型では、「不当に」廉売が行われた場合に、公正競争阻害性が認められる。

企業努力による価格競争は、本来、競争政策が維持推進しようとする能率競争の中核をなすものであり、独占禁止法の目的(1条参照)に沿う。したがって、指定類型に該当する廉売行為は、原則として違法とならない。もっとも、廉売対象商品の特性、廉売行為者の意図・目的、廉売の効果、市場全体の状況等からみて、公正な競争秩序に悪影響を与えるときには自由競争を減殺するから「不当に」なされたものといえ、公正競争阻害性が認められる。

5−18　不当廉売の公正競争阻害性

	不当性の程度	公正競争阻害性の内容	理　由
法定類型	「正当な理由」 →原則違法	もっぱら公正な競争秩序維持の見地に立ち、具体的な場合における行為の意図･目的、態様、競争関係の実態または市場の状況等を総合考慮して判断 →自由競争減殺	企業努力または正常な競争過程を反映せず、公正な競争秩序に悪影響
指定類型	「不当に」 →原則違法ではない	廉売対象商品の特性、廉売行為者の意図･目的、廉売の効果、市場全体の状況等からみて、公正な競争秩序に悪影響を与えるかにより判断 →自由競争減殺	価格競争は、本来、競争政策が維持推進しようとする能率競争の中核

【4】設例の検討

X_1とX_2はともに牛乳の仕入価格は1本あたり150円であるから、可変費用は150円となる。

X_1とX_2は牛乳1本目について100円で販売しており、これは可変費用を下回っているから、「供給に要する費用を著しく下回る対価」にあたる。

牛乳は日用品であり需要の価格弾力性が高いため、X_1とX_2がこの価格で牛乳を「継続して」供給すれば、近隣の牛乳専売店は顧客を奪われて事業活動を継続できなくなる可能性が高い。

したがって、X_1とX_2のこの行為は牛乳の販売市場において「他の事業者の事業活動を困難にさせるおそれ」がある。

X_1とX_2のこの行為は競争排除による自由競争減殺が認められるのが原則であり、これを覆す事情もないため「正当な理由がない」といえる。

よって、X_1およびX_2の行為は不当廉売に該当し、19条に違反する。

設例と類似の事案において、スーパーマーケットが牛乳を対抗廉売した行為につき、審決例(勧告審決昭和57年5月28日審決集29巻13頁、勧告審決昭和57年5月28日審決集29巻18頁)は、不当廉売にあたり、19条に違反するとした。

★重要判例(勧告審決昭和57年5月28日審決集29巻13頁、勧告審決昭和57年5月28日審決集29巻18頁)

「X_1社及びX_2社のように多種類の商品を取り扱っている有力な小売業者が、右のような著しい廉売を相当期間継続して行うことは、効果的な集客手段となり、牛乳の廉売による直接的な損失があっても、来店客数、店舗全体の売上高の増加によって、全体の利益を図ることのできる販売方法である。

これに対し、これらの商圏内における……牛乳専売店等は、小規模で取扱商品の種類も少ないため、通常の企業努力によっては到底対抗することができず、とりわけ牛乳専売店は、牛乳を主体に販売しているところからこの廉売による影響も大きい。したがって、この廉売は、これらの牛乳専売店等を競争上極めて不利な状況に置くものであり、更に本件と同様の牛乳の廉売が他の量販店等にも波及し易いこととも相まって、牛乳専売店等の事業活動を困難にするおそれがある。」また、「X_1社K店及びX_2社K店の商圏内に店舗を有している牛乳専売店の右廉売期間における牛乳の販売数量、宅配件数、牛乳の売上高等は、前年同期に比していずれも減少し、また、A社B店においても、右廉売期間における牛乳の販売本数、来店客数及び同店舗全体の売上高は、前年同期に比していずれも減少している。」よって、X_1社およびX_2社の行為は、2条9項3号に定める不当廉売にあたり、19条に違反する。

5－19　不当廉売の要件

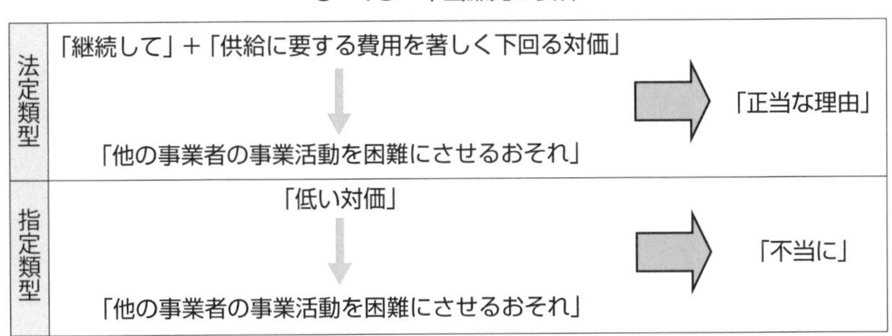

2 不当高価購入

不当高価購入とは、不当廉売と異なり、商品等を高価格で購入する行為を規制するものである。たとえば、競争相手が事業活動上必須としている原材料を高価格で買い占めることによって、競争相手の事業活動を困難にするようなケースが想定されている。

このように、不当高価購入は、行為者にとってはその商品等の購入自体が不要であって、競争相手の事業活動を困難にすることによって競争上の優位を確保すること以外には役立たないものである点に公正競争阻害性が認められる。したがって、不当高価購入の行為要件である「高い価格」とは、その購入活動が購入者自身にとって利益とならないものであることをいう。

不当高価購入は実際の適用例がなく、学説上の議論もほとんどされていないので、規制の趣旨をおさえておけば十分であろう。

4. 不当な顧客誘引・取引強制

不当な顧客誘引・取引強制とは、欺まん的顧客誘引（2条9項6号ハ・一般指定8項）、不当な利益による顧客誘引（2条9項6号ハ・一般指定9項）といった不当な顧客誘引のほか、抱き合わせ販売等（2条9項6号ハ・一般指定10項）の不当な取引強制をあわせた類型の総称である。このうち、欺まん的顧客誘引および不当な利益による顧客誘引は、景品表示法との関係が問題となる。したがって、独占禁止法固有の問題としては、重要性はやや低い。

1 欺まん的顧客誘引

［設例］

フランチャイズ本部X社は、加盟店を募集する際、加盟希望者Yに対して、ロイヤルティが実際の金額より低くすむという虚偽の説明をした。X社の行為は、独占禁止法上違法か。

【1】総論

⑴概要

欺まん的顧客誘引は、商品等の内容につき、実際よりも著しく優良または有利であると顧客に誤認させる行為を規制するものである。独占禁止法上は、指定類型のみが定められている。典型例は、マルチ商法の勧誘行為や、設例のようなフランチャイズ本部の加盟店の勧誘における虚偽説明である。

⑵景品表示法との関係

欺まん的顧客誘引は、虚偽または過大な誘引行為を規制するものであるため、景品表示法上の表示規制と適用場面が重なる。もっとも、景品表示法の表示規制は一般消費者に対する優良誤認や有利誤認表示を規制するのに対し、欺まん的顧客誘引では対象行為を表示にかぎらず、また誘引の対象を消費者に限定していないという違いがある。なお、景品表示法の概要については、3で解説する。

5-20 景品表示法との比較

	欺まん的顧客誘引	景品表示法上の表示規制
対象行為	「誤認させる」行為	「表示」
対象者	「顧客」 →事業者○	「一般消費者」 →事業者×

【2】行為要件

欺まん的顧客誘引の対象者である「顧客」とは、一般消費者のみならず事業者をも含む。また、事業者には、これから事業者となろうとする者も含む。

「著しく優良又は有利である」とは、社会通念上許容される誇張の限度を超えて、商品または役務の選択に影響を与えるような内容をいう。また、「誤認させる」とは、いちおうの常識を有する者を基準として、客観的に誤認のおそれがあれば足り、実際に誤認があったことは不要である。誤認させる方法は問わず、虚偽の表示、長所の誇示、短所の不開示などが該当する。

【3】公正競争阻害性

欺まん的顧客誘引については、「不当に」という文言が用いられている。しかし、消費者に誤認するおそれをもたらすような行為により顧客の自由な商品役務の選択をゆがめ、競争者の顧客を奪うといった競争手段の不公正さそれ自体に公正競争阻害性が認められる。したがって、欺まん的顧客誘引は原則的に違法であると考えられる。そして、公正競争阻害性の有無は、①当該行為の相手方の数、②当該行為の継続性・反復性等の、行為の広がり等から判断する。

5-21 欺まん的顧客誘引の公正競争阻害性

不当性の程度	公正競争阻害性の内容	理由
「不当に」 →原則違法	①当該行為の相手方の数、②当該行為の継続性・反復性等の、行為の広がり等から判断 →競争手段の不公正さ	顧客の自由な商品役務の選択を歪める

欺まん的顧客誘引の公正競争阻害性については、行為対象が消費者の場合と事業者の場合とで結論を分けるとする説があるなど議論があるところであるが、深入りする必要はない。

【4】設例の検討

設例において、加盟希望者Yにとって、フランチャイズ契約におけるロイヤルティの額は重要な要素であるから、ロイヤルティが低くすむということは「著しく優良又は有利である」といる。また、ロイヤルティが実際の金額より低くすむとの虚偽の説明をすることは、加盟希望者Yに「誤認させる」こととといえる。したがって、フランチャイズ本部Xの行為は、欺まん的顧客誘引にあたり、19条に違反する。

2 不当な利益による顧客誘引

［設例］

大手証券会社X社は、不況による株価暴落の影響により大幅な損失を生じた大口顧客Aに対し、今後の取引関係を維持してもらうために、損失補填を行った。X社の行為は、独占禁止法上違法か。

【1】総論

⑴概要

不当な利益による顧客誘引は、顧客に景品等の利益を提供することにより、自己と取引をするように誘引する行為を規制するものである。独占禁止法上は、指定類型（2条9項6号ハ・一般指定9項）のみが定められている。典型例は、マルチ商法、証券会社の損失補填、景品の付与などである。

このうち、マルチ商法については、欺まん的顧客誘引も適用されうる。勧誘方法の欺まん性に着目する場合には、欺まん的顧客誘引が適用されるが、多額の利益配当が得られる点に着目する場合には、不当な利益による顧客誘引が適用されることとなる。もっとも、マルチ商法については、特定商取引に関する法律が連鎖販売取引として規制をしており、実務上はもっぱらこちらの規制が問題となる。

⑵景品表示法との関係

不当な利益による顧客誘引は、利益の提供による誘引行為を規制するものであるため、景品表示法上の景品規制と適用場面が重なる。もっとも、景品表示法の景品規制は、一般消費者に対する景品付き販売を規制するのに対し、不当な利益による顧客誘引では提供される利益の内容は景品にかぎられず、また誘引の対象を消費者に限定していないとの違いがある。なお、景品表示法の概要については3で解説する。

【2】行為要件

行為要件としては、「利益」を提供することにより顧客を誘引することが必要となる。ここでいう「利益」とは、広く経済上の利益をいい、経済的利益と客観的に認められるものであれば足りる。

【3】公正競争阻害性

経済的利益の提供は、顧客誘引の手段として通常用いられるものであるから、原則として違法とはいえない。もっとも、経済的利益を提供することにより顧客の適正かつ自由な商品選択をゆがめ、更に提供される利益の多寡またはその内容により能率競争が影響を受ける場合には、競争手段の不公正さにより公正競争阻害性が認められる。このような公正競争阻害性は、「正常な商慣習」、すなわち公正な競争秩序維持の観点から是認される商慣習に照らし、①当該行為の相手方の数、②当該行為の継続性・反復性等の行為の広がり等から判断されるべきである。

以上のように、不当な利益による顧客誘引についての公正競争阻害性は、「正常な商慣習」に照らして判断される。そして、ここでいう「正常な商慣習」は、当該業界に存在する商慣習ではないことに注意が必要である。

5－22　不当な利益による顧客誘引の公正競争阻害性

不当性の程度	公正競争阻害性の内容	理由
「不当」 →原則適法	「正常な商慣習」、すなわち公正な競争秩序維持の観点から是認される商慣習に照らし、①当該行為の相手方の数、②当該行為の継続性・反復性等の行為の広がり等から判断	①顧客の適正かつ自由な商品選択をゆがめる ②能率競争に影響する

【4】設例の検討

設例と同様の事案において、審決例(勧告審決平成3年12月2日審決集38巻134頁)は、証券会社が大口顧客に対し損失補填をする行為につき、不当な利益による顧客誘引にあたるとして、19条に違反するとした。

★重要判例(勧告審決平成３年12月２日審決集38巻134頁)

「証券会社が、顧客に対し、有価証券の売買その他の取引等につき、当該有価証券等について生じた顧客の損失の全部若しくは一部を補てんし、又はこれらについて生じた顧客の利益に追加するため、当該顧客等に財産上の利益を提供する行為(以下『損失補てん等』という。)は、投資家が自己の判断と責任で投資をするという証券投資における自己責任原則に反し、証券取引の公正性を阻害するものであって、証券業における正常な商慣習に反するものと認められる。」

本件において、「X社は、顧客との取引関係を維持し、又は拡大するため、一部の顧客に対して損失補てん等を行っていたものであり、これは、正常な商慣習に照らして不当な利益をもって、競争者の顧客を自己と取引するように誘引しているものであって、」一般指定９項に定める不当な利益による顧客誘引にあたり、19条に違反する。

3 景品表示法の概要

【1】概要

景品表示法は、不当な景品類および表示による顧客の誘引を規制する法律であり、一般消費者の利益を保護することを目的としている(景表１条)。もともと、公正取引委員会が所管し、独占禁止法上の欺まん的顧客誘引および不当な利益による顧客誘引の特別規定と位置づけられていた。しかし、2009(平成21)年の改正により、景品表示法が消費者庁の所管に移されたことに伴い、目的規定から「公正な競争の確保」が削除された。

5－23　景品表示法

景品表示法	景品規制
	表示規制

【2】景品規制

不当な景品類の提供による顧客の誘引を規制しているのが景品規制である。規制の対象となる「景品類」とは、事業者が自己の供給する商品または取引に付随して相手方に提供する物品、金銭その他の経済上の利益をいう(景表２条３項)。

具体的には、景品表示法3条に基づいて内閣総理大臣が定める制限告示(「一般消費者に対する景品類の提供に関する事項の制限」および「懸賞による景品類の提供に関する事項の制限」)によって、以下のように景品類の最高額が定められている。

5−24　景品規制

種類	最高額
総付景品	取引価額の2割（取引価額が200円未満の場合、200円）
懸賞	取引価額の20倍（上限10万円）かつ総額が懸賞にかかる売上予定総額の2%
共同懸賞	30万円かつ懸賞にかかる売上予定総額の3%

【3】表示規制

⑴概要

不当な表示による顧客の誘引を規制しているのが表示規制である。規制の対象となる表示とは、事業者が「自己の供給する商品又は役務の内容又は取引条件その他これらの取引に関する事項について」行う広告その他の表示をいう(景表2条4項)。チラシやパンフレット、商品のラベルなどがこの表示にあたる。

⑵不当表示規制

景品表示法が規制対象としている不当表示には、大きく分けて3つの種類がある。

1つめは、商品やサービスの品質、規格などの内容について、実際のものや事実に相違して競争事業者のものより著しく優良であると一般消費者に誤認される表示である。これを、優良誤認表示という(景表5条1号)。たとえば、実際には国産有名ブランド牛ではない国産牛肉のパッケージに、あたかも国産有名ブランド牛であるかのような表示をする場合がこれにあたる。

なお、消費者庁は、ある表示が優良誤認表示にあたるかどうかを判断する必要があるとき、事業者に対して表示の裏づけとなる合理的な根拠を示す資料の提出を求めることができる。事業者から合理的な根拠を示す資料が提出されなかった場合、当該表示は優良誤認表示とみなされる(7条2項)。この規制は、不実証広告規制とよばれている。不実証広告規制は、特にダイエット効果を標榜するサプリメント等の表示に対して効果的に利用されている。

2つめは、商品や役務の価格などの取引条件について、実際のものや事実に相違して競争事業者のものより著しく有利であると一般消費者に誤認される表示である。これを、有利誤認表示という(景表5条2号)。たとえば、携帯通信事業者が、自社に不利となる他社の割引サービスを除外した料金比較であるにもかかわらず、自社がもっとも安いかのように表示する場合がこれにあたる。

3つめは、優良誤認表示や有利誤認表示以外の表示で、商品や役務の取引に関する事項について一般消費者に誤認されるものであって、不当に顧客を誘引し、一般消費者による自主的かつ合理的な選択を阻害するおそれがあるものである(景表5条3号)。複雑な経済社会において、一般消費者の合理的な選択を妨げる表示を規制するために、優良誤認表示や有利誤認表示にあたらない表示についても不当表示にあたりうるとしている。景品表示法は、消費者庁の主任の大臣である内閣総理大臣に、いかなる表示が不当表示にあたるかを指定する権限を付与している。

たとえば、販売しているテキーラ酒に、原産国がメキシコであるにもかかわらず「フランス原産」とする表示をしていたら、これにあたる(実際の事例として、消費者庁「株式会社ビックカメラ及び株式会社ビック酒販に対する景品表示法に基づく措置命令について」令和3年9月3日)。

オンラインゲームにおける「ガチャ」と景品表示法

オンラインゲームにおいて、ランダムでゲーム上のキャラクターやアイテムを手に入れることができる「ガチャ」というシステムがしばしば登場する。オンラインゲーム市場が拡大しつつある昨今、ガチャに対しても景品表示法による規制が行われることがある。

最近では、10回連続でアイテムを排出する「10連ガチャ」を行ったゲーム会社が、あらかじめ提供割合に従って割り振った10個のアイテムリストを2種類作成し、そのいずれかに従ったアイテムを排出するように設定しておきながら、ゲーム上では10回抽選を行うかのように表示していた。つまり、10回の抽選が行われるかのように表示しておきながら、実際にはリスト決定時の1回しか抽選が行われていなかったのである。消費者庁は、この表示が優良誤認表示にあたるとして、ゲーム会社に対して措置命令を行った(消費者庁「株式会社gumi及び株式会社スクウェア・エニックスに対する景品表示法に基づく措置命令について」令和3年6月29日)。

4 抱き合わせ販売等

[設例]

ゲームソフトの卸売業者Xは、小売店25店に対し、人気ゲームソフトであるAを供給する際に、他の不人気ゲームソフトBを抱き合わせて販売した。Xの行為は、独占禁止法上違法となるか。

【1】総論

抱き合わせ販売等とは、競争者の顧客に対し自己と取引するように強制することをいい、抱き合わせ販売(一般指定10項前段)とその他の取引強制(一般指定10項後段)とに分けられる。このうち、適用事例が多く重要性が高いのは抱き合わせ販売のみであるから、その他の取引強制については、本書では説明を省略する。

抱き合わせ販売とは、ある商品等(主たる商品)の販売に伴い、他の商品等(従たる商品)の購入を強制する行為を規制するものである。

5−25　抱き合わせ販売

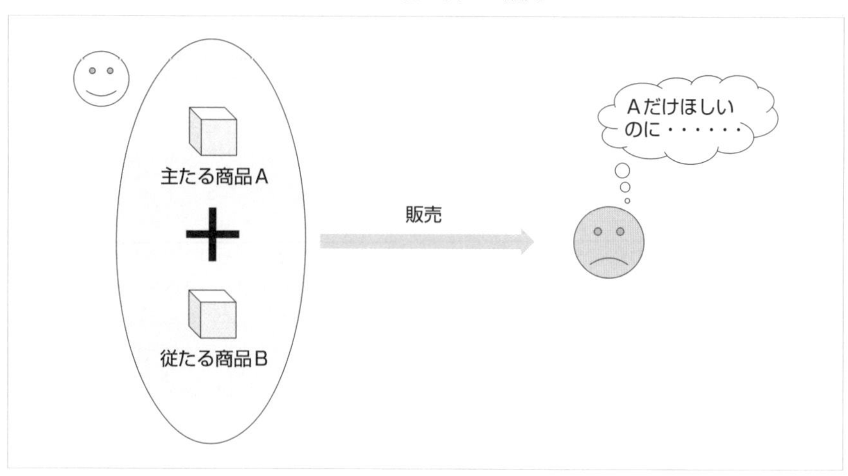

【2】行為要件

⑴「他の商品又は役務」

従たる商品は、主たる商品からみて「他の商品又は役務」でなければならない。「他の商品又は役務」であるか否かは、それぞれの商品が独立性を有し、独立して取引の対象とされているかによって判断すべきである。具体的には、商品等の具体的特徴、需要者が異なるか、内容・機能が異なるか、需要者が単品で購入することができるか、といった要素を考慮して別個独立性が判断される。

簡潔に考えるならば、独立性を有するかどうかは、当該商品が独立した市場を形成するかという観点から考えればよい。たとえば、ボールペンの本体部分とキャップ部分は物理的には別個のものであるが、キャップ部分だけの取引市場は通常考えられない。したがって、ボールペンの本体部分とキャップ部分をセットで売ることは抱き合わせ販売にはあたらない。

⑵「購入させ」

「購入させ」とは、個々の顧客が取引を強制されたかどうかによって決定されるものではなく、主たる商品の供給を受けるに際して、客観的にみて少なからぬ顧客が従たる商品の購入を余儀なくされているか否かによって判断される。具体的には、行為者の市場における地位、行為者と相手方との関係、市場構造、要請または申入れの程度・態様等といった行為の行われた状況から判断される。

「購入させ」たといえるためには、強制の要素が必要となる。この点で、任意の取り決めに基づく購入を含む拘束条件付取引と異なる。たとえば、商品のセット販売において、買い手がばら売りを容易に選択でき、また売り手がこれに応じるのであれば、「購入させ」たことにはならない。また、強制の要素が認められるためには、買い手にとって主たる商品がないと困るといえるような事情が必要となる。設例では、主たる商品であるAが人気ゲームなので、小売店はXからこのゲームを購入しなければ困るといえる事情がある。

【3】公正競争阻害性

⑴概要

抱き合わせ販売の公正競争阻害性には、①顧客の商品選択の自由を侵害して、事業者間の公正な能率競争を阻害するという競争手段の不公正さと、②主たる商品市場における行為者の有力な地位に基づいて、従たる商品市場における競争者を排除し、自由競争を減殺することの２つの側面がある。したがって、当該事案において、いずれのタイプの公正競争阻害性が問題となるかを検討することが必要となる。もっとも、２つの分類は、いずれを重視して公正競争阻害性を判断するかということにすぎない。このため、１つの事案において必ずしも一方の公正競争阻害性のみが問題となるわけではなく、事案によっては、２つの側面が検討されるべきこともある。

従たる商品が不要品である場合には、従たる商品市場への影響を考える必要がないため、①競争手段の不公正さが問題となる。たとえば、不人気のため廃盤となっているゲームソフトを在庫処分のため抱き合わせる場合がこれに該当する。他方、従たる商品自体もいちおう取引の対象となっている場合には、従たる商品市場への影響を考慮する必要があるため、②自由競争減殺が問題となる。

⑵①競争手段の不公正さ

どのような商品を販売するかは事業者の自由であるから、複数の商品をセットにして販売すること自体は、原則として違法とならない。もっとも、抱き合わせ販売により、顧客の商品選択の自由を侵害して、事業者間の公正な能率競争を阻害するという競争手段の不公正さが認められる場合には、「不当に」なされたものとして公正競争阻害性が認められる。競争手段の不公正さが認められるかは、①当該行為の対象とされる相手方の数、②当該行為の反復・継続性、③行為の伝播性等の行為の広がりを考慮して、能率競争を侵害するものであるかにより判断すべきである。

①当該行為の対象とされる相手方の数が多ければ、それだけ市場に与える影響は大きい。また、②当該行為が反復継続して行われれば、市場に与える影響も大きくなる。そして、③行為の伝播性は、当該行為が模倣しやすいものであればあるほど高くなり、市場の広範囲に影響が及びやすくなる。

⑶②自由競争減殺

⑵でも述べたように、複数の商品をセットにして販売すること自体は事業者の自由であるから、原則として違法とならない。もっとも、抱き合わせ販売により、主たる商品市場における行為者の有力な地位に基づいて、従たる商品市場において市場閉鎖効果が生じる場合には、「不当に」なされたものとして公正競争阻害性が認められる。市場閉鎖効果が生じるかどうかは、①主たる商品の市場における地位、②当該行為の対象となる顧客数、③規模、④従たる商品の市場シェア・出荷額、⑤従たる商品の競争者の状況、⑥顧客の移動状況またはそのおそれ等を考慮して判断すべきである。

このように、抱き合わせ販売の自由競争減殺型においては、従たる商品市場の状況だけではなく、主たる商品市場の状況をも考慮することが必要となる。したがって、公正競争阻害性を検討する前提として、主たる商品市場および従たる商品市場の２つを画定すべきことに注意したい。

抱き合わせ販売の自由競争減殺型の代表的な審決例（勧告審決平成10年12月14日審決集45巻153頁〔百選63事件〕）は、X社がパソコン製造販売業者に対して、表計算ソフトにワープロソフトをあわせて供給する行為、および表計算ソフトとワープロソフトにスケジュール管理ソフトをあわせて供給する行為が、抱き合わせ販売等にあたり、19条に違反するとした。この事案では、X社が、主たる商品である表計算ソフトAが表計算ソフト市場で市場シェア１位という優位性を有することを背景として、従たる商品であるワープロソフトBを抱き合わせることで、従たる商品市場であるワープロソフト市場における自由競争を減殺したことが認定された。

★重要判例(勧告審決平成10年12月14日審決集45巻153頁〔百選63事件〕)

「X社は、取引先パソコン製造販売業者等に対し、不当に、表計算ソフトの供給に併せてワープロソフトを自己から購入させ、さらに、取引先パソコン製造販売業者に対し、不当に、表計算ソフト及びワープロソフトの供給に併せてスケジュール管理ソフトを自己から購入させているものであって、」一般指定10項に定める抱き合わせ販売等にあたり、19条に違反する。

5−26　抱き合わせ販売の公正競争阻害性

不当性の程度	公正競争阻害性の内容		理　由
「不当」 →原則適法	競争手段の不公正	①当該行為の対象とされる相手方の数、②当該行為の反復・継続性、③行為の伝播性等の行為の広がりを考慮して、能率競争を侵害するものであるかにより判断	複数の商品をセットにして販売すること自体は事業者の自由
	自由競争減殺	抱き合わせ販売により、主たる商品市場における行為者の有力な地位に基づいて、従たる商品市場における自由競争を減殺する場合 →①主たる商品にかかる市場における地位、②当該行為の対象となる顧客数、③規模、④従たる商品の市場シェア・出荷額、⑤従たる商品の競争者の状況、⑥顧客の移動状況またはそのおそれ等を考慮して判断	

⑷設例の検討

AとBはそれぞれ独立性を有し、独立して取引の対象となっているから、Bは「他の商品」にあたる。小売店にとっては、人気ソフトAを取り扱うことが競争上重要であるから、Bもあわせて購入することを余儀なくされている。したがって、「事業者」であるXはBを「購入させ」ている。

そして、Aの人気の高さを利用して不人気であるBを抱き合わせて販売することは、卸売業者間の効率性による競争を侵害するから、競争手段として不公正である。よって、「不当」性が認められる。

以上より、Xの行為は不当な抱き合わせ販売に該当し、19条に違反する。

設例と同様の事案において、審決例(審判審決平成4年2月28日審決集38巻41頁)は、人気のあるゲームソフト(主たる商品)の販売において、不人気のゲームソフト(従たる商品)を抱き合わせた行為につき、競争手段の不公正さによる公正競争阻害性を認定し、抱き合わせ販売にあたるとした。

★重要判例(審判審決平成4年2月28日審決集38巻41頁)

「本件抱き合わせ販売は、A商品が人気の高い商品であることから、その市場力を利用して価格・品質等によらず他のゲームソフトを抱き合わせて販売したものであり、買手の商品選択の自由を妨げ、卸売業者間の能率競争を侵害し競争手段として公正を欠くものといわざるを得ない。」

「本件抱き合わせ販売は事業者の独占的地位あるいは経済力を背景にするものではなく、A商品の人気そのものに依存するものであるため、人気商品を入手し得る立場にある者は、容易に実行することのできる行為であることを考えると、本件抱き合わせ販売は、実際に販売されたのは、小売業者25店に対し被抱き合わせゲームソフト約3,500本であるが、その申入れは実績配分以上の数量を希望した取引先小売業者を対象に組織的、計画的になされたものであり、また前記のように本件抱き合わせ販売は、その性質上及び市場の実態からみて反復性、伝播性があり、更に広い範囲で本件の如き抱き合わせ販売が行われる契機となる危険性を有し、被抱き合わせ商品市場における競争秩序に悪影響を及ぼすおそれがあるものと認められる。」

「X社は、その取引先小売業者に対し、不当に、A商品の供給に併せて他のゲームソフトを自己から購入させていたものであって、これは、一般指定第10項に該当し、独占禁止法第19条の規定に違反するものである。」

第5章………不公正な取引方法

5. 事業活動の不当拘束

事業活動の不当拘束とは、排他条件付取引(2条9項6号ニ・一般指定11項)、拘束条件付取引(2条9項6号ニ・一般指定12項)、および再販売価格の拘束(2条9項4号)といった行為類型の総称である。いずれも、独占禁止法上しばしば問題となる重要なものである。司法試験でもよく出題されるため、しっかりおさえておこう。

1 排他条件付取引

［設例］

精米機製造業者であるX社は、取引先販売業者との間で、①X社製品と競合する他社製品を取り扱わないこと、②X社の特約店以外の販売業者にX社製品を販売しないこと等を内容とする特約店契約を締結し、これを実施した。X社の行為は、独占禁止法上違法か。

【1】総論

⑴概要

排他条件付取引とは、事業者が取引相手との契約等において、自己の競争者と取引をしないことを条件とすることをいう。指定類型(2条9項6号ニ・一般指定11項)のみが規定されている。

典型例としては、設例のように特約店契約において競争者との取引を制限する場合や、取引相手方が仕入れる量のすべてを自己から購入するようにさせる全量購入契約(勧告審決昭和56年7月7日審決集28巻56頁)などがある。

★重要判例（勧告審決昭和56年7月7日審決集28巻56頁）

①X_1県酪は、A県内で生産される生乳の約9割を一手に集荷し、これを同県内で牛乳、乳飲料等の飲用乳製品の製造をしている者（以下「乳業者」という）に販売しており、その販売量は、A県内の乳業者の生乳総購入量の9割強を占めている。

②X_2社は、発行済み株式総数の61パーセントをX_1県酪が所有し、同社の役員の大部分をX_1県酪の役員で占め、X_1県酪が販売する生乳の大部分を同社が購入している等、X_1県酪ときわめて緊密な関係にある。

③X_2社のA県における牛乳販売量は、同県における牛乳総販売量の約7割を占めている。

④X_1県酪は、地方プラントとの間で締結している契約書において、地方プラントの取扱う牛乳は、全量、大分県酪を通じて受け入れることを定めていた。

⑤X_1県酪は、他の乳業者から牛乳の供給を受けた地方プラントに対し、X_2社との製造委託をさせ、他の乳業者との取引をやめさせた。

⑥X_1県酪は、県外の乳業者の製品を取り扱った地方プラントに対し、その中止を要請した。しかし、当該地方プラントが要請に従わなかったため、X_1県酪は、当該地方プラントに対し生乳の供給を継続できない旨を告知した。これにより、当該地方プラントは、X_1県酪の承諾を得て実施を予定していた学校給食事業を取りやめざるをえなくなった。

以上の事案について、「X_1県酪は、A県内の乳業者に対し、生乳を供給するに当たり、正当な理由がないのに自己の競争者から生乳の供給を受けないこと及び自己から生乳の供給を受けていない乳業者の飲用乳製品を取り扱わないことを条件として取引しているものであ」るとして、排他条件付取引にあたり19条に違反するとされた。

⑵他の行為類型との区別

排他条件付取引については、しばしば拘束条件付取引や取引拒絶との区別が問題となる。

ア　排他条件付取引と拘束条件付取引の区別

すべての競争者との取引を拒絶させる場合には、排他条件付取引にあたる。他方、特定の競争者のみとの取引を拒絶させる場合には、拘束条件付取引（または間接の取引拒絶）にあたる。たとえば、行為者Aの競争者としてB、C、D、およびEが存在する場合において、Aが「Bと取引するな」といえば拘束条件付取引に該当し、「B～E全員と取引するな」といえば排他条件付取引に該当する。

なお、牛乳の全量購入契約のような事案で問題となることであるが、行為者が自己と80から90パーセントの割合で取引することを要求する場合には、排他条件付取引と拘束条件付取引のいずれの規定も適用可能と考えられる。実質的にみて、すべての競争者との取引を排除しているに等しいと評価できる場合には、排他条件付取引の規定を適用することとなる。他方、前掲重要判例（勧告審決昭和56年7月7日審決集28巻56頁）のように、他の事業者との取引の余地があると評価する場合には、拘束条件付取引の規定を適用することとなる。

5−27　排他条件付取引 or 拘束条件付取引

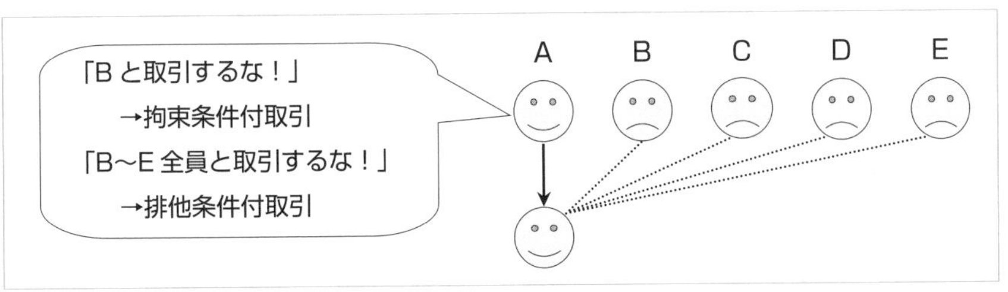

イ　排他条件付取引・拘束条件付取引と取引拒絶の区別

また、排他条件付取引や拘束条件付取引と、取引拒絶とは、取引自体を行うかにより区別される。行為者の提示した条件を受け入れなければ取引を行わないという場合には、取引拒絶の規定を適用すべきである。

【2】行為要件

排他条件付取引の行為要件は、競争者と取引しないことを「条件として」、「相手方」と取引をすることである。

⑴「条件として」

「条件として」とは、必ずしもその取引条件に従うことが契約上の義務として定められていることを要せず、メーカーのなんらかの人為的手段によって、流通業者がメーカーの競争者と取引しないことについての実効性が確保されていることをいう。

契約等において条件とされている場合はもちろんのこと、要請に従わない場合に経済上の不利益を課せられることによって、相手方が要請に従わざるをえなくなることも、「条件として」にあたる。経済上の不利益としては、出荷停止、出荷量の削減、リベートの支給停止、リベート金額の削減、卸売価格の引上げ、小売店舗の巡回・監視、秘密番号による流通ルートの探索等があげられる。

⑵「相手方」

また、「相手方」には、直接の取引先だけでなく、間接の取引先も含まれる。たとえば、メーカーが一次卸に対し、二次卸に排他条件を守らせることを指示する場合、条件を課せられる二次卸は、メーカーにとって直接の取引先ではないが間接の取引先にあたるとして「相手方」に含まれる。

【3】公正競争阻害性

⑴規範

事業者が相手方との取引に伴い条件を付けることは事業者の自由であるから、原則として違法とならない。もっとも、市場における有力な事業者が排他条件付取引を行い、これによって「競争者の取引の機会を減少」し、市場閉鎖効果が生じる場合には、競争排除による自由競争減殺が認められるから、「不当に」なされたものとして公正競争阻害性が認められる。

そして、ほかに代わりうる取引先を容易に見出すことができなくなるおそれがあるかは、①対象商品の市場全体の状況、②行為者の市場における地位、③当該行為の相手方の数および市場における地位、④当該行為が行為の相手方の事業活動に及ぼす影響等により判断すべきである。

⑵解説

市場における有力な事業者とは、市場シェアが20パーセントを超えることがいちおうのめやすとされる。また、考慮要素のうち、①対象商品の市場全体の状況とは、市場集中度、商品特性、製品差別化の程度、流通経路、新規参入の難易性等をさす。②行為者の市場における地位とは、市場シェア、順位、ブランド力などをいう。

①の市場全体の状況としては、他の事業者の行動も考慮の対象となる。たとえば、複数の事業者がそれぞれ並行的に自己の競争者との取引の制限を行う場合には、一事業者のみが行う場合に比べ市場全体として競争者の取引の機会が減少し、ほかに代わりうる取引先を容易に見出すことができなくなるおそれが大きい。

5−28　排他条件付取引の公正競争阻害性

不当性の程度	公正競争阻害性の内容	理　由
「不当」 →原則違法ではない	①有力な事業者が排他条件付取引を行い、 ②これによって「競争者の取引の機会を減少」させ、ほかに代わりうる取引先を容易に見出すことができなくなるおそれがある場合 （対象商品の市場全体の状況、行為者の市場における地位、当該行為の相手方の数および市場における地位、当該行為が行為の相手方の事業活動に及ぼす影響等により判断） →自由競争減殺（競争者排除型）	条件を付けることは事業者の自由

⑶設例の検討

X社は、「相手方」である取引先販売業者と特約店契約を締結するに際し、自己の競争者と取引しないことを契約上の条件としている。したがって、X社は「競争者と取引しないことを条件として」取引を行っている。

この特約店契約により、X社の競争者は特約店契約を締結していない販売業者にしか製品を販売できなくなるから、当該特約店契約は「競争者の取引の機会を減少させるおそれがある」。これによって精米機販売市場において市場閉鎖効果が生じる場合には、X社の特約店契約の締結・実施は「不当」な排他条件付取引に該当し、19条に違反する。

設例と同様の事案において裁判例（東京高判昭和59年２月17日行集35巻２号144頁〔百選65事件〕）は、当該特約店契約の締結・実施は、販売業者の系列化が進んでいたとの事情を考慮すべきであるとして、排他条件付取引に該当し19条に違反するとした審判審決を取り消し、差し戻した。

★重要判例（東京高判昭和59年２月17日行集35巻２号144頁〔百選65事件〕）

「公正競争阻害性の有無は、……行為者のする排他条件付取引によって行為者と競争関係にある事業者の利用しうる流通経路がどの程度閉鎖的な状態におかれることとなるかによって決定されるべきであり、一般に一定の取引の分野において有力な立場にある事業者がその製品について販売業者の中の相当数の者との間で排他条件付取引を行う場合には、その取引には原則的に公正競争阻害性が認められる」。しかし、このような場合でも、「一定の取引の分野の市場構造の特殊性等からして、すでに各販売業者が事実上特定の事業者の系列に組み込まれており、その事業者の製品だけしか取り扱わないという事態になっているなど特段の事情が認められる場合は、排他条件付取引に公正競争阻害性が認められないとされる余地が生ずる」。「排他条件付取引に公正競争阻害性が認められるか否かを判断するに当たっては、行為者及びその競争者の製造する製品を取り扱う販売業者がどの程度存在し、販売業者の各事業者への系列化の実情がどのようなものになっているかといった点が重要な判断資料となる」。

そして、「本件で問題とされている取引の場においては、各販売業者の特定の事業者への系列化がかなりの程度まで進んでいるのではないかと推認できる余地さえも認められる」として、原審決を取り消し、差し戻した。

2 再販売価格の拘束

［設例］

育児用粉ミルクの製造販売業者であるX社は、商品の価格維持を図るため、卸売価格および小売価格を指定した。さらに、X社は、当該価格を遵守させるために、①小売業者に対しては、指示された小売価格を守らなかった場合は登録を取り消すこと、②卸売業者に対しては、指示された卸売価格を守らなかった場合は卸売業者の得るべき中間利潤の算定に関して不利益な措置をとることとした。なお、X社の粉ミルクは消費者からの人気が高く、小売業者にとって品揃えが不可欠であった。X社の行為は独占禁止法上違法か。

【1】総論

再販売価格の拘束とは、事業者が自己の供給する商品を購入する相手方に対し、販売価格を拘束する条件を付けて取引をすること(再販行為といわれる)をいい、法定類型(2条9項4号)のみが定められている。再販売価格の拘束は、直接の取引相手の販売価格を拘束するもの(2条9項4号イ)と間接の取引相手の販売価格を拘束するもの(2条9項4号ロ)に分けて規定されている。そして、この2つの行為類型により、すべての再販行為がカバーされることになる。

5−29　再販売価格の拘束

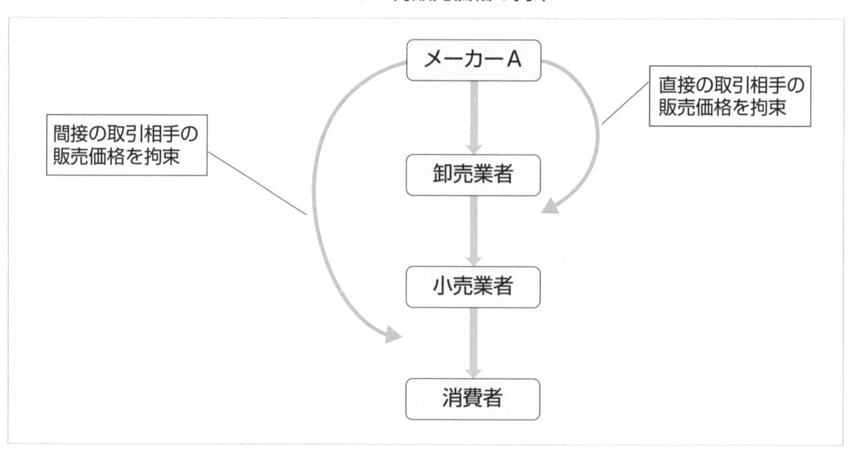

再販売価格の拘束は、販売価格自体を拘束内容とする場合を特別に規定したものである。したがって、後述の拘束条件付取引との関係では特別規定にあたる。再販売価格の拘束が、拘束条件付取引と別個に規定されているのは、価格を自由に決定できることは競争の根幹であるから、これに対する制限は競争への悪影響が特に大きいためである。このため、具体的な事案において、価格に関する制限がみられる場合には、まずは再販売価格の拘束への該当性を検討すべきである。

【2】行為要件

⑴「相手方」

再販売価格の拘束の「相手方」の解釈は、排他条件付取引と同様である。したがって、「相手方」には、直接の取引先だけでなく、間接の取引先も含まれる。

⑵「販売」、「購入」

「販売」、「購入」と定められていることから、メーカーと流通業者との関係は売買契約が想定されている。したがって、委託販売のように、販売業者は取次をするだけで、実質的にはメーカーが消費者に直接販売していると認められる場合には、原則として再販売価格の拘束にあたらない。もっとも、委託販売の形式をとっていても、メーカーの危険負担と計算において取引が行われていない場合には、実質的には売買と同視することができるから、再販売価格の拘束の対象となりうる。

⑶「商品」

再販売価格の拘束における拘束の対象は、条文上、「商品」の販売価格にかぎられており、役務の販売価格は対象とならない。もっとも、役務の販売価格に関して拘束条件を付ける行為は、再販売価格の拘束の一般規定に位置づけられる拘束条件付取引が問題となりうる点に注意したい。

⑷「拘束」

「拘束」の解釈は、排他条件付取引と同様である。したがって、「拘束」とは、必ずしもその取引条件に従うことが契約上の義務として定められていることを要せず、メーカーのなんらかの人為的手段によって、流通業者がメーカーの示した価格で販売することについて実効性が確保されていることをいう。

再販売価格の拘束においては、小売業者や卸売業者にとって、当該商品を扱うことが不可欠であるとの事情が、「拘束」の有無に関する重要な要素となる。たとえば、設例において、A社の粉ミルクが人気商品であり、小売業者にとって品揃えが不可欠であったという事情がこれにあたる。なお、化粧品の事案であるが、同意審決平成7年11月30日審決集42巻97頁も参照したい。

★重要判例（同意審決平成7年11月30日審決集42巻97頁）

X社化粧品は、一般消費者に高い知名度を有し、これを指名して購入する一般消費者が多いことから、化粧品の小売業者にとってX社化粧品を取り扱うことが営業上有利とされている。この状況下で、X社は、量販店に対し、X社化粧品に添付するサンプルを提供する代わりに割引販売を行わないよう要請した。量販店は、X社から商品の円滑な供給が得られないことの懸念等からこれを受け入れて割引販売を行わないこととした。このような事案につき、「X社は、非再販商品について、割引販売を企図した大手量販店に対し、正当な理由がないのに、その販売価格を定めてこれを維持させる条件を付けて供給している」。したがって、「不公正な取引方法……の第12項第1号〔現2条9項4号〕に該当し、独占禁止法第19条の規定に違反する」とされた。

なお、商品のパッケージなどに販売価格が印刷されていることがある。たとえば、「定価○○円」と表記されている場合には、メーカーが製造段階で販売価格を決定していることになるから、「拘束」があったと認定しやすい。

他方、「希望小売価格○○円」や「標準小売価格○○円」といった表記の場合には、目安を示したにすぎないとも考えられるから、このような表記があったとの事実のみから「拘束」を認定することは難しい。したがって、このような場合には、他の間接事実にも着目することが必要になる。

【3】公正競争阻害性

⑴規範

事業者が市場の状況に応じて自己の販売価格を自主的に決定することは、事業者の事業活動においてもっとも基本的な事項であり、かつ、これによって事業者間の競争と消費者の選択が確保されている。したがって、事業者が再販売価格を拘束することは、流通業者間の価格競争(ブランド内競争)を減少・消滅させることとなるから、競争回避によって自由競争を減殺するものとして、原則として違法となる。

もっとも、「正当な理由」がある場合には、例外的に違法とならない。「正当な理由」とは、もっぱら公正な競争秩序維持の見地からみた観念であって、当該拘束条件が相手方の事業活動における自由な競争を阻害するおそれがないことをいう。なお、単に事業者に当該拘束条件を付けることが、事業経営上必要あるいは合理的であるというだけでは、「正当な理由」があるとはいえない(最判昭和50年7月11日民集29巻6号951頁参照)。

⑵解説

再販売価格の拘束において自由競争減殺が問題となるのは、ブランド内競争である点に注意が必要である。したがって、画定されるべき市場は、「流通業者(小売業者)の販売分野」となる。

再販行為は、特に中小のメーカーが行う場合には有力な競争者との競争上有利となることにより、ブランド間競争を促進する一面もある。そこで、ブランド間競争の競争促進効果が上回る場合には、公正競争阻害性が認められないのではないかとの議論がある。

しかし、実務上は、ブランド内競争の制限をもって自由競争減殺と捉えていると思われる。再販行為を行うことがメーカーにとって利益となるのは、当該メーカーが市場において支配的地位を有する場合、メーカー間に協調関係がある場合、製品差別化があり顧客が特定の銘柄の製品に特化している場合などにかぎられる。そうでなければ、再販行為に反して安売りをしようとする販売業者が現れ、それに対抗するために他の多くの販売業者も値下げせざるをえず、結局、再販行為は崩壊するためである。

以上からすると、再販行為により価格を維持することは、ブランド間競争を減殺し、製品差別化を指向するなど非価格競争に導く効果をもつ。したがって、再販行為は、ブランド内競争とブランド間競争の双方について価格競争を減殺する行為であるといえる。

ブランド内競争・ブランド間競争

ブランド内競争とは、同じメーカーの製品を扱う卸売業者・小売業者間の競争をいう。たとえば、設例におけるA社の粉ミルクを扱うスーパーマーケットXと量販店Yとの間の競争がこれにあたる。

他方、ブランド間競争とは、異なるメーカー間の競争をいう。たとえば、設例における粉ミルクを製造販売するA社とB社との間の競争がこれにあたる。

このように、ブランド間競争とブランド内競争は、次の図5－30のように、問題としている取引段階に違いがある。いわゆるブランドといったときの一般的な用語法とは少しニュアンスが異なるので、注意したい。

5－30

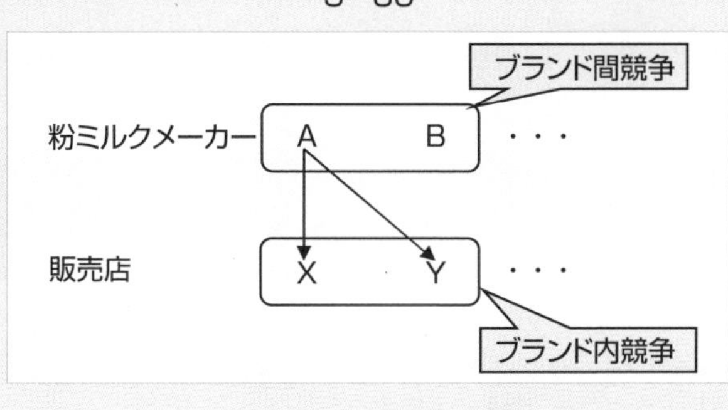

5－31　再販売価格の拘束の公正競争阻害性

不当性の程度	公正競争阻害性の内容	理由
「正当な理由」 →原則違法	事業者が再販売価格を拘束することは、流通業者間の価格競争（ブランド内競争）を減少・消滅させる →自由競争減殺（競争回避型）	販売価格を自主的に決定することは、事業者の事業活動においてもっとも基本的な事項

⑶設例の検討

設例と同様の事案において、判例(最判昭和50年7月10日民集29巻6号888頁〔百選66事件〕)は、育児用粉ミルクの商品特性に着目して「拘束」があることを認定し、A社の行為を違法とした。

★重要判例(最判昭和50年7月10日民集29巻6号888頁〔百選66事件〕)

「育児用粉ミルクについては、その商品の特性から、銘柄間に価格差があっても、消費者は特定の銘柄を指定して購入するのが常態であり、使用後に他の銘柄に切り替えることは原則としてないため、特定銘柄に対する需要が絶えることがなく、これに応ずる販売業者は、量の多寡にかかわらず、右銘柄を常備する必要があるという特殊事情があり、このことはXの育児用粉ミルクについても同様である」。「このような事実関係のもとにおいては、たとえ……X社の育児用粉ミルクの市場占拠率が低く、販売業者の取扱量が少ないとしても、小売業者からの注文を受ける卸売業者としては、右粉ミルクについてX社との取引をやめるわけにはいかないのであり、また、取引を続けるかぎり、……感謝金による利潤を確保するために、X社の定めた販売価格及び販売先の制限に従わざるをえないこととなる」。したがって、「本件販売対策は右市場占拠率のいかんにかかわりなく、相手方たる卸売業者と小売業者との取引を拘束するものである」。

3 拘束条件付取引

［設例］

エックス線フィルム販売業者であるXは、フィルムの供給量において約53パーセントのシェアを有するフィルム製造業者Yの完全子会社であり、XはYが国内で販売するフィルムのすべてを取り扱っている。Xは、特約店の販売地域の競合を避けるために、特約店がYの製品を販売する地域を一定の地域とし、その地域外での販売を制限することを内容とする特約店契約を取引先販売業者との間で締結した。Xの行為は、独占禁止法上違法か。

【1】総論

拘束条件付取引とは、相手方の事業活動を拘束する条件を付けて取引をすることをいう。法定類型はなく、指定類型(一般指定12項)のみが定められている。一般指定12

項は、「法第２条第９項第４号又は前項に該当する行為のほか」と定めていることから、再販売価格拘束（２条９項４号）または排他条件付取引（一般指定11項）に該当しない行為について、拘束条件付取引の該当性が問題となる。

【２】行為要件

⑴概要

拘束条件付取引の行為要件は、「相手方」の事業活動を、「拘束する条件」をつけて取引をすることである。これらの要件の解釈は、排他条件付取引で述べたものと同じである（本節1）。

したがって、「相手方」には、直接の取引先だけでなく、間接の取引先も含まれる。また、「拘束する条件」とは、必ずしもその取引条件に従うことが契約上の義務として定められていることを要せず、メーカーのなんらかの人為的手段によって、流通業者がメーカーの示した拘束条件に従うことについて実効性が確保されていることをいう。

⑵拘束の内容

公正取引委員会が作成する「流通・取引慣行に関する独占禁止法上の指針」では、拘束条件付取引における拘束の内容として、①価格に関する拘束、②競争品取扱いの制限、③地域制限（テリトリー制）、④取引先制限、⑤選択的流通、⑥販売方法の制限の６種類があげられている。もちろん、拘束の内容はこれらにかぎられるものではないが、拘束条件付取引に該当しうる典型例としておさえておきたい。

【３】公正競争阻害性

⑴概要

拘束条件付取引の公正競争阻害性は、自由競争減殺にある。もっとも、競争回避型と競争者排除型のいずれもありうるため、事案によっていずれの類型が問題となっているかを正確に見極めることが大切である。

⑵競争回避型

事業者が相手方との間でいかなる条件を付して取引を行うかは、当該事業者が自由に決定できるものである。したがって、拘束条件付取引は原則として違法ではない。もっとも、事業者が拘束条件を付することにより、価格維持効果が生じる場合には、競争回避によって自由競争を減殺するものとして、公正競争阻害性が認められる。

そして、当該商品の価格が維持されるおそれがあるかは、①対象商品をめぐるブランド間競争の状況（市場集中度、商品特性、製品差別化の程度、流通経路、新規参入の難易性等）、②対象商品のブランド内競争の状況（価格のばらつきの状況、当該商品を取り扱っている流通業者の業態等)、③制限の対象となる流通業者の数および市場における地位、④当該制限が流通業者の事業活動に及ぼす影響(制限の程度・態様等)等の事情を総合考慮して判断する。

以上の考慮要素のうち①②については、①を制限するとしても、②を促進することとなる場合には正当化の余地があると考えられる。

⑶競争者排除型

⑵で述べたように、事業者が相手方との間でいかなる条件を付して取引を行うかは、当該事業者が自由に決定できる。したがって、拘束条件付取引は原則として違法ではない。もっとも、事業者が拘束条件を付することにより、市場閉鎖効果が生じる場合には、競争者排除によって自由競争を減殺するものとして、公正競争阻害性が認められる。

具体的には、①対象商品の市場全体の状況、②行為者の市場における地位、③当該行為の相手方の数および市場における地位、④当該行為が行為の相手方の事業活動に及ぼす影響等により判断すべきである。

⑷さまざまな拘束と公正競争阻害性

⑵で述べたとおり、拘束の内容はさまざまであるから、すべてを説明することはできない。ここでは、ガイドラインで説明されている典型的な非価格制限行為について詳しくみていく(流通・取引慣行ガイドライン　第１部第２)。

ア　競争品取扱いの制限行為

事業者が、取引先事業者に対し、自己の競争者との取引等を制限する行為がこれに該当する。競争者との取引を一律に制限することにより市場閉鎖効果が生じる場合は不当な排他条件付取引に該当するが、特定の競争者との取引を制限することにより市場閉鎖効果が生じる場合は不当な拘束条件付取引に該当する。

イ　販売地域の制限行為

販売地域の制限として典型的なものは、一定の地域を責任地域として定め、当該地域内での積極的な販売活動を義務づける場合(「責任地域制」)や、店舗ごとに一定の地域を割り当て、地域外での事業活動を制限する場合(「厳格な地域制限」)、地域外の顧客からの求めに応じた販売を制限する場合(「地域外顧客への受動的販売制限」)などである。事業地域の分割により競争が回避されるため、価格維持効果が生じないかが問題となる。

責任地域制は、商品の効率的な販売拠点の構築やアフターサービス体制の確保等の目的で行われる場合、後者の２つに該当しないかぎり、価格維持効果は生じない。

厳格な地域制限は、①有力な事業者によって行われる場合、②製品差別化が進みブランド間競争が十分機能していない場合にはじめて価格維持効果が生じうるとされる。これらの場合以外では、事業者が特定の地域で独占的地位を得ても、ブランド間競争にさらされて価格を維持できないからである。

地域外顧客への受動的販売制限は、顧客からの求めに応じることまで制限するため、ブランド内競争を阻害する効果が大きく、価格維持効果が生じうる。

ウ　取引先の制限行為

(ア)帳合取引の義務づけ

帳合取引の義務づけとは、メーカーが流通業者に対し、特定の事業者としか取引できないようにすることをいう。帳合取引は、流通業者が他の事業者からの取引の申出に応じることを制限する点で、地域外顧客への受動的販売制限と同様の問題が生じる。

(イ)仲間取引の禁止

仲間取引の禁止とは、メーカーから仕入れた商品を流通業者間で売買する取引を禁止することをいう。メーカーが安売り業者へ商品が流れるのを防止する目的で仲間取引を禁止するなど、これによって競争圧力が弱められ、価格維持効果が生じる場合には、不当な拘束条件付取引に該当する。

5−32　さまざまな拘束

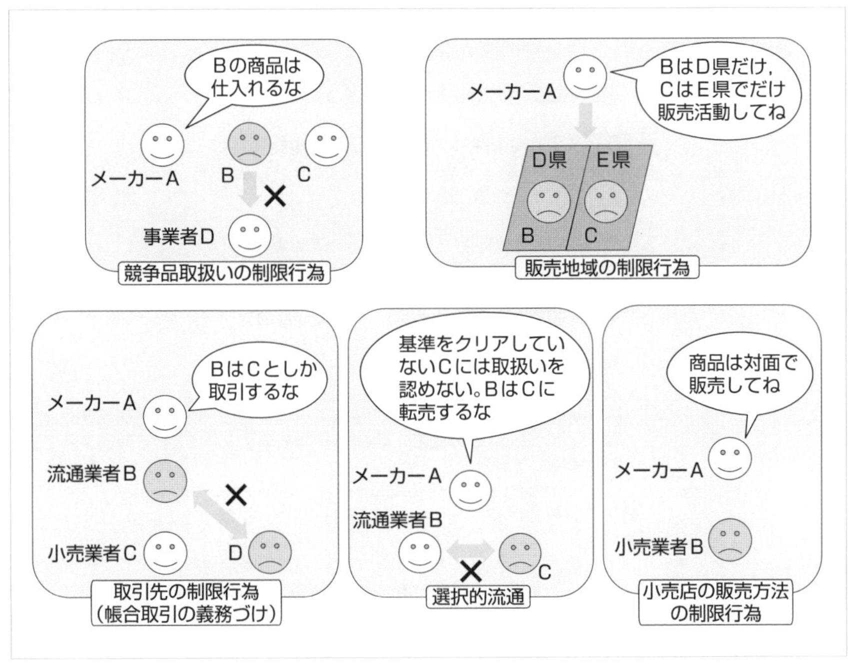

(ウ)安売り業者への販売禁止

メーカーが、ある小売業者が安売りを行っていることを理由に、流通業者に対して当該小売業者への販売を停止させることがある。販売価格の自主的な決定という事業活動のもっとも基本的な事項に関与し、小売業者間の競争を直接に阻害するため、通常価格維持効果が生じる。

なお、メーカーが事前に安売り業者への販売禁止を要請している場合には拘束条件付取引が問題になるが、流通業者からの苦情を受けて事後に安売り業者への販売を制限する行為は、間接の取引拒絶に該当しうる。

エ　選択的流通

選択的流通とは、メーカーが流通業者に対し販売方法等に関する一定の基準を設定し、当該基準をみたす流通業者に限定して商品を取り扱うことを認め、当該水準をみたさない流通業者への転売を禁止することをいう。ガイドラインによれば、当該基準が消費者の利益の観点からそれなりの合理的な理由に基づくものと認められ、かつ、当該商品の取扱いを希望する流通業者に対して同等に適用されている場合は、通常問題とはならないとされている。

オ　小売店の販売方法の制限行為

メーカーが、小売店に対して商品の販売方法を制限する場合がある。たとえば、化粧品メーカーが小売店に対して対面での販売を義務づけるような場合がこれにあたる。

販売方法の制限も、当該商品を適切に販売するためのそれなりの合理的な理由に基

5−33　拘束条件付取引の公正競争阻害性

不当性の程度	公正競争阻害性の内容		理　由
「不当」 →原則適法	競争回避型	当該商品の価格が維持されるおそれがある場合 →①対象商品をめぐるブランド間競争の状況（市場集中度、商品特性、製品差別化の程度、流通経路、新規参入の難易性等）、②対象商品のブランド内競争の状況（価格のばらつきの状況、当該商品を取り扱っている流通業者の業態等）、③制限の対象となる流通業者の数および市場における地位、④当該制限が流通業者の事業活動に及ぼす影響（制限の程度・態様等）等の事情を総合考慮して判断	複数の商品をセットにして販売すること自体は事業者の自由
	競争者排除型	競争者の事業活動が著しく困難となるおそれがある場合 →①対象商品の市場全体の状況、②行為者の市場における地位、③当該行為の相手方の数および市場における地位、④当該行為が行為の相手方の事業活動に及ぼす影響等により判断	

づくものと認められ、かつ、他の小売業者に対しても同等の条件が課せられている場合には、それ自体は独占禁止法上問題にならないとされる。

【4】設例の検討

Xは、特約店契約に基づき、Xの取引の相手方である取引先販売業者に対し、Yの製品の販売地域を制限しているところ、これは「相手方の事業活動を……拘束する」行為にあたる。

そして、エックス線フィルムの供給量の約53パーセントを占めるYの完全子会社であり、Yが国内で販売するフィルムのすべてを取り扱うXは、有力な事業者である。また、国内におけるフィルムの生産・販売市場が、それぞれY、Xを中心とする寡占市場であり、ブランド間競争が十分機能していない。したがって、Xの当該拘束は価格維持効果を生じさせるものとして自由競争減殺が認められ、「不当」な拘束といえる。

以上より、Xの行為は不当な拘束条件付取引に該当し、19条に違反する。

設例と同様の事案において、審決例(勧告審決昭和56年5月11日審決集28巻10頁〔百選72事件〕)は、拘束条件付取引にあたるとして、19条に違反するとした。

★重要判例(勧告審決昭和56年5月11日審決集28巻10頁〔百選72事件〕)

「X社は、エックス線フイルムの販売に当たり、正当な理由がないのに、その取引先販売業者に対し、その取扱商品、販売地域及び販売価格を拘束する条件をつけて当該販売業者と取引しているものであって、」一般指定12項に定める拘束条件付取引に該当し、19条に違反する。

最恵国待遇条項

旅行先で宿泊する旅館やホテルを予約する場合、従来のような店舗型の旅行代理店や宿泊施設のサイトではなく、インターネット上だけで取引を行う旅行代理業者(以下「OTA」という)を利用することがほとんどだろう。

OTAは、契約を締結した宿泊施設の画像や情報、取引条件などを掲載して消費者に提供し、消費者と宿泊施設との取引が成立した場合に、宿泊代金のうち一定の割合を手数料として徴収している。

そのほか、OTAは多額のコストをかけて一般消費者に対する宿泊施設の検索・価格比較サービスを無償で行っていることも多い。そのため、OTAは宿泊施設のサイトよりも集客力が圧倒的に大きい。

利益をあげたい宿泊施設としては、OTAに掲載する条件よりも有利な条件をみずからのサイトで表示することになる。そうすると、一般消費者はOTAの価格比較サービスを利用しておきながら、宿泊施設のサイトを通じて予約することができる。宿泊施設も、OTAに手数料を支払うことなく取引を成立させることができる。

OTAとしては、コストをかけて提供しているサービスにタダ乗りされてしまうのを避けるために、契約に際してOTAに掲載している条件よりも有利な条件を宿泊施設のサイトで掲載しないか、OTAに掲載する条件を宿泊施設のサイトでの条件より有利にするよう義務づける条項を設けることがある。このような条項を、**最恵国待遇条項(MFN条項)**という。

たとえば、OTA事業者のAと宿泊施設Bとが「Aに掲載している条件よりも有利な条件を宿泊施設のサイトで掲載しない」という最恵国待遇条項を含む契約を締結したとする。この場合、BがAのサイト上に「1泊1万円」と掲載したならば、みずからのサイトに「1泊1万円」と掲載することはできるが、「1泊9000円」と掲載することはできなくなる。この条件で掲載したいならば、Aのサイト上でも「1泊9000円」と掲載するしかないわけである(便宜上、宿泊価格以外の条件はすべて等しいものとする)。

OTA事業者が最恵国待遇条項を設けた場合、宿泊施設はみずからのサイト経由で予約した消費者だけに特別なサービスを提供しようとしても、それを行うことができなくなる(OTA経由の消費者にも同じサービスを提供せざるをえなくなる)。したがって、OTAと契約を締結している宿泊施設間においては、サービス面で競争者との差別化を図り、顧客を獲得しようとするインセンティブが低下する。一定以上のシェアを有するOTA事業者が最恵国待遇条項を設けた場合には、宿泊施設間の公正競争を阻害するおそれがあるため、不当拘束条件付取引に該当しうる。

近年の事例では、有力なOTA事業者である楽天トラベル、ブッキングドットコム、エクスペディアが、自社と契約を締結するに際し、当該ウェブサイトに宿泊施設が掲載する部屋の最低数の条件を定めるとともに、宿泊料金および部屋数について、他の販売経路と同等または他の販売経路よりも有利なものとする条件を定めていたことが、不当な拘束条件付取引にあたるのではないかとして問題になり、公正取引委員会による立入検査を受けた(公正取引委員会「(令和元年10月25日)楽天株式会社から申請があった確約計画の認定について」令和元年10月25日)。

平成30年司法試験でも出題されるなど、オンライン市場が台頭してきている近年、関心を集めているトピックである。

6. 不当な取引妨害・内部干渉

不当な取引妨害・内部干渉とは、競争者に対する取引妨害(2条9項6号へ・一般指定14項)および競争会社に対する内部干渉(2条9項6号へ・一般指定15項)という行為類型の総称である。競争会社に対する内部干渉は実際に規定が適用された例がないため、簡単な説明にとどめる。

1 競争者への取引妨害

［設例］

X社は、国内における駐車装置の売上げにおいて30パーセントのシェアを占める駐車装置製造・販売業者である。X′社は、X社が全額出資するメーカー系保守業者であり、X社製駐車装置のほとんどの保守業務を行っている。また、X社製駐車装置の保守用部品は、X′社以外からは入手できない状況にある。X′社は、独立系保守業者への保守用部品の販売につき、①出荷遅延、②高価格販売、③過大なロット単位での販売を行った。なお、保守業者は、駐車装置の故障等が発生した場合、保守用部品を迅速・確実に入手し、迅速に修理を行うことが、信用を保持するうえで重要となっている。X′社の行為は、独占禁止法上違法か。

【1】総論

競争者への取引妨害は、競争者とその取引の相手方との取引を不当に妨害する行為を規制するものである。法定類型はなく、指定類型(2条9項6号へ・一般指定14項)のみが定められている。

競争者への取引妨害は、他の行為類型(特に、自由競争減殺型)に対する一般条項として位置づけられる。したがって、他に適用される行為類型がある場合には、原則として取引妨害を検討する必要はなく、これらがない場合に最後に適用の有無を検討することになる。このように取引妨害の規定が適用される場面は限定されることから、まずは過去の適用例をおさえることが重要となる。過去に適用された典型例は、①部品の供給遅延・拒絶、②並行輸入阻害、③生コンクリート協同組合による員外者の排除である。

5－34　競争者への取引妨害の適用例

①部品の供給遅延・拒絶
②並行輸入阻害
③生コンクリート協同組合による員外者の排除

審決では、個々の行為が、同一の妨害目的のため行われた一連の行為といえる場合に、全体を一体として評価することが実態に即しているとして、競争者への取引妨害の規定を適用した審決例(勧告審決平成15年11月27日審決集50巻398頁〔百選84事件〕)がある。

★重要判例(勧告審決平成15年11月27日審決集50巻398頁〔百選84事件〕)

水鳥シャトルの製造販売業者であるX社は、わが国における水鳥シャトルの販売数量が第1位である。同社の水鳥シャトルは多くのバドミントン競技大会で使用されていることから、小売業者にとってX社の水鳥シャトルを取り扱うことが営業上有利とされている。水鳥シャトルの製造販売業者は、自社が製造販売等する水鳥シャトルが大会使用球とされると、宣伝効果が大きく、競技者への販売促進効果が見込まれることなどから、大会使用球の提供等の協賛を行っている。

X社は、競争関係にある輸入販売業者による輸入品の販売数量が伸長することを防止する目的で、①大会主催者が輸入販売業者から輸入品の提供等の協賛を受ける場合には自社は協賛しない旨示唆するなどして、輸入販売業者から協賛を受けないことおよび輸入品を大会使用球としないことを要請し、②輸入品に対抗するため廉価商品を発売し、取引先小売業者に限定して取り扱わせて、輸入品を使用している顧客に販売させることで、使用する水鳥シャトルを自社のものに切り替えさせるようにした。また、③X社は、自社の取引先小売業者が輸入品を取り扱っている場合、輸入品を取り扱わない旨のX社の要請に応じないときには、廉価商品を供給しない旨示唆し、④輸入販売業者のホームページに取引先小売業者の名称が掲載されている場合には、名称の掲載をやめさせた。

以上の事案につき、公正取引委員会は、「X社は、水鳥シャトルの取引に当たり、自己と競争関係にある輸入販売業者とその取引の相手方との取引を不当に妨害している」から、競争者に対する取引妨害(一般指定14項)にあたるとして、独占禁止法第19条の規定に違反するとした。

【2】行為要件

競争者への取引妨害の行為要件は、「自己」の「競争関係」にある者とその取引の相手方との「取引」を「妨害」することである。

「自己」とは事業者(19条)のことをいい、なんらかの経済的利益の供給に対応して、反対給付を反復継続して受ける経済活動を行う者である。「競争関係」は、潜在的競争関係も含めて実質的に判断される。

「取引」とは、現存する取引にかぎられず、妨害がなければ行われた可能性のある取引も含まれる。「妨害」とは、広く競争者の事業活動に不利益を与えるという程度の意味である。したがって、妨害行為は、一般指定14項が例示する「契約の成立の阻止」、「契約の不履行の誘引」のほか、多種多様な行為が含まれる。具体的には、取引相手方への威圧や物理的妨害だけではなく、適用例にあげた供給遅延・拒絶、並行輸入阻害などの行為も「妨害」にあたる。

【3】公正競争阻害性

⑴概要

以上のように、競争者への取引妨害においては、「妨害」にあたる行為の範囲が広いため、多くの事案では行為要件をみたすことに問題は生じない。そこで、競争者への取引妨害の規定が適用されるか否かの結論を左右するのは、公正競争阻害性の有無ということになる。

競争者への取引妨害の公正競争阻害性には、①社会的・倫理的にみて非難に値する妨害行為を行うという競争手段の不公正さと、②妨害行為により競争者の取引の機会を奪うことにより競争者を排除し、自由競争を減殺するという２つの側面がある。もっとも、１つの事案において必ずしも一方の公正競争阻害性のみが問題となるわけではなく、事案によっては、両方の側面が検討されるべきこともある。

⑵①競争手段の不公正さ

事業者が競争者に対し、社会的・倫理的にみて非難に値する妨害行為を行うという競争手段の不公正さが認められる場合には、「不当に」なされたものとして公正競争阻害性が認められる。競争手段の不公正さが認められるかは、①当該行為の対象とされる相手方の数、②当該行為の反復・継続性、③行為の伝播性等の行為の広がりを考慮して、能率競争を侵害するものであるかにより判断すべきである。

⑶②自由競争減殺

競争者の取引先や自己の取引先に対して、競争者と取引させないようにする行為は、競争の過程で生じうるものである。したがって、取引妨害行為は、原則として違法とはいえない。もっとも、当該行為により競争者の取引の機会が減少し、ほかに代わりうる取引先を容易に見出すことができなくなるおそれがある場合には、競争者を排除することにより自由競争を減殺するものとして公正競争阻害性が認められる。

具体的には、①行為者の市場における地位、②当該行為によって影響を受ける競争者の市場における地位、③対象商品の市場全体の状況、④当該行為が競争者の事業活動に及ぼす影響等を総合考慮して判断される。

5−35　競争者への取引妨害の公正競争阻害性

不当性の程度	公正競争阻害性の内容		理　由
「不当」 →原則適法	競争手段の不公正	①当該行為の対象とされる相手方の数、②当該行為の反復・継続性、③行為の伝播性等の行為の広がりを考慮して、能率競争を侵害するものであるかにより判断	
	自由競争減殺（競争者排除型）	競争者の事業活動が著しく困難となるおそれがある場合 →①対象商品の市場全体の状況、②行為者の市場における地位、③当該行為の相手方の数および市場における地位、④当該行為が行為の相手方の事業活動に及ぼす影響等により判断	競争者の取引先や自己の取引先に対して、競争者と取引させないようにする行為は、競争の過程で生じうる

【4】設例の検討

「事業者」であるX′社が独立系保守業者へのX社製駐車装置の保守用部品の販売につき、①出荷遅延、②高価格販売、③過大なロット単位での販売を行うと、X′社以外から保守用部品を入手できない状況のもとでは、独立系保守業者は保守用部品を迅速・確実に入手し、迅速に修理を行うことができなくなるため、信用の保持が困難となり顧客を失う可能性が高い。よって、X′社の行為は「競争関係にある」独立系保守業者の「取引」を「妨害」するものである。

駐車装置をいまだ購入していない需要者にとって、X社製駐車装置の保守業務と他社製駐車装置の保守業務の間には代替性が認められる。よって、公正競争阻害性を検討する前提となる市場は、国内における駐車装置の保守業務と画定される。

国内における駐車装置の市場においてX社製駐車装置が30パーセントのシェアを占めていることからすれば、X社製駐車装置の保守業務が画定した市場に占める割合は30パーセント近いと考えられる。そして、X′社はそのうちのほとんどの保守業務を行っている。このような有力な事業者であるX′社の行為によって、独立系保守業者は取引先からの信用を失い、前述した市場における事業活動が困難となるおそれがある。したがって、X′社の行為は競争者である独立系保守業者を排除することで自由競争を減殺させるものといえる。

以上より、X′社の行為は一般指定14項に定める「不当」な取引妨害に該当し、19条に違反する。

設例と同様の事案において、審決例(勧告審決平成16年4月12日審決集51巻401頁〔百選81事件〕)は、X′社が独立系保守業者に対して保守用部品の供給を制限したことが、独立系保守業者の取引を不当に妨害するものであるとして、競争者に対する取引妨害にあたるとした。

★重要判例(勧告審決平成16年4月12日審決集51巻401頁〔百選81事件〕)

「X′社は、自社とX社製駐車装置の保守業務の取引において競争関係にある独立系保守業者とX社製駐車装置の管理業者等との取引を不当に妨害している」から、不公正な取引方法である競争者への取引妨害(一般指定14項)に該当し、独占禁止法19条の規定に違反する。

2 不当な内部干渉

不当な内部干渉とは、「事業者」または「株主若しくは役員」が、競争会社の株主または役員に、当該会社が不利益となる行為をするようにさせる行為をいう。具体的には、競争会社内部の意思決定や業務執行に干渉して、競争上自己を有利にするか、または競争会社を不利にするような行為を規制するものである。法定類型はなく、指定類型(一般指定15項)のみが定められている。もっとも、これまで競争会社に対する内部干渉の規定が適用された例はないから、実務上の重要性は低い。不当な内部干渉の公正競争阻害性は、競争手段の不公正さに求められる。

第5章………不公正な取引方法

7. 優越的地位の濫用

［設例］

コンビニエンスストアをチェーン展開するX社は、全国的に店舗展開し、売上高は年1兆1000億円であり、小売業界において第5位の地位を占めている。X社は継続的取引関係にある納入業者100名に対し、①根拠なく金銭提供を要請し、また②特定の商品を1円で納入するよう要請した。X社は納入業者にとってきわめて有力な取引先であり、チェーン店において自己の商品が取り扱われると消費者の信用が高まることから、納入業者はX社との取引の継続を強く望んでいる。このため、納入業者は、X社からの要請に従わざるをえない立場にあった。X社の行為は、独占禁止法上違法か。

1 概要

【1】概要

優越的地位の濫用とは、自己の取引上の地位が相手方に優越していることを利用して、濫用行為を行うことである。**法定類型**（2条9項5号）および**指定類型**（2条9項6号ホ・一般指定13項）がある。法定類型については、濫用行為を「継続して」行った場合に、課徴金が科される（20条の6）。ここでは、独占禁止法の理解のために重要な法定類型について説明する。

優越的地位の濫用は、事実上市場における**競争が機能していない状況**において、優位性をもつ事業者が、従属する取引相手に対し、競争が機能していれば設定されないような取引条件を押しつける行為を規制するものである。競争への影響が問題とされない点で、他の行為類型とは異質といえる。

【2】典型事例

優越的地位の濫用が問題となる典型例は、大規模小売業者と納入業者、金融機関と中小企業の関係である。なお、大規模メーカーと下請業者との関係は、独占禁止法の特別法にあたる下請法が規制している。下請法の概要については、4で解説する。

2 行為要件

優越的地位の濫用が成立するためには、行為要件として、「自己の取引上の地位が相手方に優越している」ことを「利用して」、「正常な商慣習に照らして不当に」、濫用行為（2条9項5号または一般指定13項）をすることが必要である。

【1】「自己の取引上の地位が相手方に優越している」

「自己の取引上の地位が相手方に優越している」というためには、市場支配的な地位またはそれに準ずる絶対的に優越した地位である必要はなく、取引の相手方との関係で相対的に優越した地位であれば足りる。

そして、相対的に優越しているとは、他方当事者にとって一方当事者との取引の継続が困難になることが事業経営上大きな支障をきたすため、一方当事者が他方当事者にとって著しく不利益な要請等を行っても他方当事者がこれを受け入れざるをえない場合をいう。具体的には、①他方当事者の一方当事者に対する取引依存度、②一方当事者の市場における地位、③他方当事者にとっての取引先変更の可能性、④その他一方当事者と取引することの必要性を示す具体的事実を総合的に考慮して判断される。

【2】「利用して」

優越的地位にある行為者が、取引相手方に対して不当に不利益を課して取引を行えば、通常「利用して」行われた行為であると認められる。主観的に行為者が自己の優越的地位を利用する意図・意思をもつことは不要である。したがって、通常の事案では「利用して」への該当性が問題となることは少ないといえよう。

【3】濫用行為

濫用行為は、2条9項5号または一般指定13項に定められている行為である。

(1) 2条9項5号イ

2条9項5号イの定める「継続して取引する相手方……に対して、当該取引に係る商品又は役務以外の商品又は役務を購入させること」とは、たとえば、大規模小売業者が取引先納入業者に自社主催の展覧会チケットを強制的に購入させるといった、押しつけ販売が典型的である。このほか、審決例(勧告審決平成17年12月26日審決集52巻436頁〔百選76事件〕)には、金融機関が融資の条件として自己が販売する金融商品を購入させる行為が２条９項５号イにあたるとしたものがある。

★重要判例(勧告審決平成17年12月26日審決集52巻436頁〔百選76事件〕)

X銀行と融資取引を行っている中小事業者には、X銀行以外の金融機関からの融資等によって資金手当てをすることが困難な事業者(以下「融資先事業者」という)が存在する。融資先事業者は、X銀行から融資を受けることができなくなると事業活動に支障をきたすこととなるため、融資取引を継続するうえで、融資の取引条件とは別にX銀行からの種々の要請に従わざるをえない立場にある。このような事案において、審決では、以下のように指摘された。

「融資先事業者の取引上の地位はX銀行に対して劣っているところ、X銀行が、……融資先事業者に対して、融資に係る手続を進める過程において、金利スワップの購入を提案し、金利スワップの購入が融資を行うことの条件である旨又は金利スワップを購入しなければ融資に関して不利な取扱いをする旨明示又は示唆することにより、融資先事業者に金利スワップの購入を余儀なくさせる行為を行っていることは、自己の取引上の地位が融資先事業者に対して優越していることを利用して、正常な商慣習に照らして不当に、融資先事業者に対し、融資に係る商品又は役務以外の金利スワップを購入させているものであり、」２条９項５号イに該当し、19条に違反する。

⑵ ２条９項５号ロ

２条９項５号ロの定める、「継続して取引する相手方に対して、自己のために金銭、役務その他の経済上の利益を提供させること」とは、たとえば、大規模小売業者が納入業者に協賛金・割戻金、売場改装費用等の名目で金銭の提供を要請する行為である。審決例(同意審決平成19年６月22日審決集54巻182頁)は、大規模ディスカウント業者が納入業者に対して従業員等の派遣や金銭提供を要請した行為が２条９項５号ロにあたるとしている。

★重要判例(同意審決平成19年６月22日審決集54巻182頁)

X社は総合ディスカウントストア業者であり、わが国の総合ディスカウント業者のなかで最大手の業者である。X社と継続的な取引関係にある納入業者は約1,500社であり、納入業者の多くは納入取引の継続を強く望んでいる。このため、納入業者の多くは納入取引を継続するうえで、納入する商品の品質、納入価格等の取引条件とは別に、X社からの要請に従わざるをえない立場にあり、その取引上の地位は劣っている。

以上の事情のもとで、X社は、「自己の取引上の地位が納入業者に対して優越していることを利用して、正常な商習慣に照らして不当に、納入業者に対し、自社の棚卸し、棚替え等のためにその従業員等を派遣させて役務を提供させており、また、自己のために金銭を提供させていたものであり、」2条9項5号ロに該当し、19条に違反する。

⑶ 2条9項5号ハ

2条9項5号ハが定める「取引の相手方に不利益となるように取引の条件を設定し、若しくは変更し、又は取引を実施すること」は、たとえば受領拒否、返品、代金の減額等が想定されている。これらの行為は、下請法が親事業者に対する禁止行為として定めている行為である。もっとも、下請法は親事業者・下請事業者の規模および取引の対象によって規制される取引の範囲が限定されているから、下請法の適用対象外の行為については、なお2条9項5号ハが適用されうる。

3 公正競争阻害性

【1】規範

優越的地位の濫用について公正競争阻害性が認められるためには、当該行為が「正常な商慣習に照らして不当に」なされたことが必要である。

事業者がどのような条件で取引するかについては、原則として、取引当事者間の自主的な判断に委ねられるものであるから、原則として違法とならない。しかし、優越的地位を有する者が、取引の相手方に対し、その地位を利用して、正常な商慣習に照らして不当に不利益を与えることは、当該取引の相手方の自由かつ自主的な判断による取引を阻害するとともに、当該取引の相手方はその競争者との関係において競争上不利となる一方で、行為者はその競争者との関係において競争上有利となるおそれがある。

そこで、取引の許諾・取引条件について、取引主体が自由かつ自主的に判断することにより取引が行われるという自由競争基盤を侵害する場合には、「不当に」なされたものとして公正競争阻害性が認められる。そして、自由競争基盤を侵害するかは、①問題となる不利益の程度、②行為の広がり等を考慮して、個別具体的に判断される。また、「不当」性の判断にあたって考慮されるべき「正常な商慣習」とは、現に存在する商慣習ではなく、公正な競争秩序の維持・促進の立場から是認される商慣習をいう。

【2】解説

自由競争基盤の侵害については、行為者が多数の取引先に対して組織的に不利益を与える場合、特定の取引の相手方に対してしか不利益を与えていないときであっても、その不利益の程度が強い、またはその行為を放置すれば他に波及するおそれがある場合には、公正競争阻害性が認められやすい。

5－36　優越的地位の濫用の公正競争阻害性

不当性の程度	公正競争阻害性の内容	理由
「不当」 →原則適法	①問題となる不利益の程度、②行為の広がり等を考慮して、個別具体的に判断 →自由競争基盤の侵害	事業者がどのような条件で取引するかについては、原則として、取引当事者間の自主的な判断に委ねられる

【3】設例の検討

設例と同様の事案において、審決例(勧告審決平成10年7月30日審決集45巻136頁〔百選77事件〕)は、A社の一連の行為が優越的地位の濫用にあたるとして、19条に違反するとした。

この審決例では、A社は納入業者にとってきわめて有力な取引先であり、チェーン店において自己の商品が取り扱われると消費者の信用が高まることから、納入業者はA社との取引の継続を強く望んでいるため、A社からの要請に従わざるをえない立場にあったとの事情をもって、「自己の取引上の地位が相手方に優越している」と認定された。

★重要判例(勧告審決平成10年7月30日審決集45巻136頁〔百選77事件〕)

「X社は、自己の取引上の地位が日用品納入業者に対して優越していることを利用して、正常な商慣習に照らして不当に、日用品納入業者に対し、金銭を提供させ、また、1円納入をさせることにより、経済上の利益を提供させていたものであり、」2条9項5号ロに該当し、19条に違反する。

4　下請法(下請代金支払遅延等防止法)

［設例］

自動車の製造販売事業を営むメーカーA社(資本金5億円)は、部品メーカーB

社（資本金１億円）に対し、代金支払期日を部品受領後から40日（部品の社内検査に最低限必要な日数）と定めてブレーキ部品の製造を委託した。B社は、納期どおりにブレーキ部品をＡ社に引き渡した。

Ａ社は、受け取ったブレーキ部品の社内検査を開始したが、代金の支払期日が到来した後になっても検査が完了していなかった。

Ａ社としては、品質・安全性が確認できてから代金を支払おうと考えているが、これに法律上の問題はないか。

【1】目的

下請取引においては、親事業者は下請事業者よりも優位な立場にあるため、親事業者が下請事業者に対して一方的に代金の支払を遅らせたりといった不当な取扱いをするケースがある。このような優越的地位の濫用に類似する行為について、下請取引の公正化を図り、下請事業者の利益を保護するため、独占禁止法の特別法として制定されたのが下請法である（下請代金１条参照）。

【2】下請法の適用対象

下請法は、適用対象となる下請取引の範囲を、①取引の内容と②資本金区分の両面から定めている。

⑴取引の内容

下請法の適用対象となる取引は、製造委託、修理委託、情報成果物作成委託、および役務提供委託の４つの内容に大別される（下請代金２条）。これら４つを総称して、「製造委託等」という（下請代金２条５項）。

製造委託とは、物品の販売や製造を請け負っている事業者が、規格、品質、形状、デザインなどを指定して、他の事業者に物品の製造や加工などを委託することをいう。たとえば、自動車メーカーであるＡが、部品メーカーBに対して、自動車のハンドルやブレーキの製造を委託する場合がこれにあたる。

修理委託とは、物品の修理を請け負っている事業者が、その修理を他の事業者に委託したり、自社で使用する物品を自社で修理している場合に、その修理の一部を他の事業者に委託したりすることをいう。たとえば、自動車修理業者であるＡが、修理を請け負った自動車のエンジン修理に関してのみ別の修理業者Bに委託する場合がこれにあたる。

情報成果物作成委託とは、ソフトウェアや映像コンテンツ、各種デザインなどの情報成果物の提供や作成を行う事業者が、他の事業者にその作成作業を委託することをいう。たとえば、ゲームソフトの作成を行う事業者Aが、プログラムの作成をプログラミング会社Bに委託する場合がこれにあたる。

役務提供委託とは、他者から運送やビルメンテナンスなどの各種役務の提供を請け負った事業者が、請け負った役務の提供を他の事業者に委託することをいう。たとえば、ビル清掃を請け負った清掃事業者Aが、別の清掃事業者Bに清掃を委託する場合がこれにあたる。

⑵資本金区分

下請法は、取引を委託する事業者の資本金額と、受注する事業者の資本金額によって、

5－37　下請法の適用対象となる取引

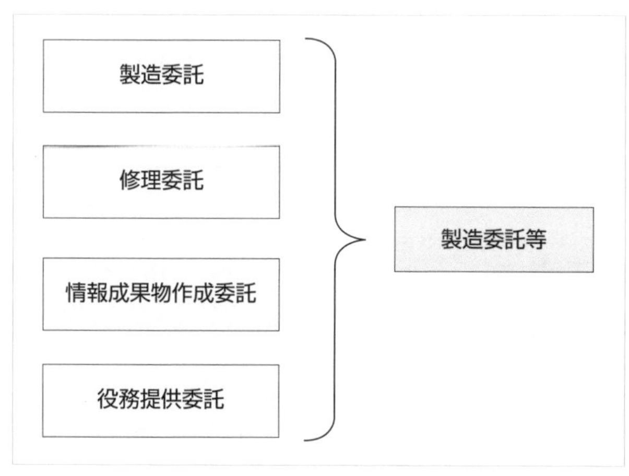

5－38　資本金による区分

製造委託・修理委託・一部の情報成果物作成委託・一部の役務提供委託		
資本金	親事業者	下請事業者
	3億円超	3億円以下
	1千万円超3億円以下	1千万円以下
情報成果物作成委託・役務提供委託		
資本金	親事業者	下請事業者
	5千万円超	5千万円以下
	1千万円超5千万円以下	1千万円以下

取引内容ごとに「親事業者」と「下請事業者」を定義している(下請代金2条7項、8項)。

以上をまとめると、取引が「製造委託等」に該当し、製造委託等をした事業者が「親事業者」に、受注した事業者が「下請事業者」にあたる場合には、当該取引は下請法の適用を受ける。

5−39　下請法の適用

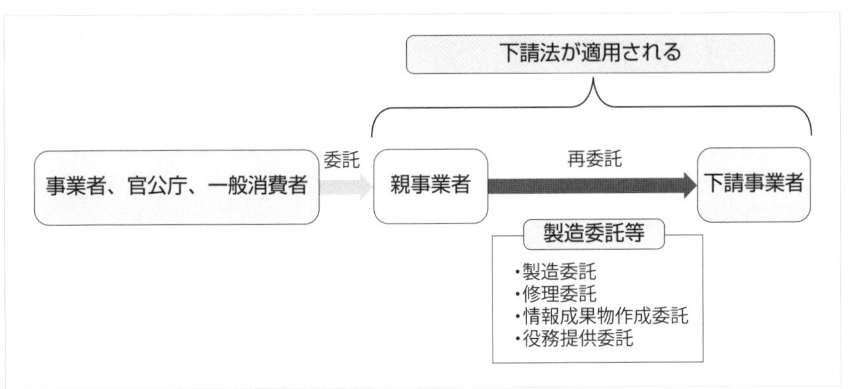

【3】親事業者の義務・禁止行為

下請法の適用を受ける親事業者は、①発注書面を交付する義務(下請代金3条)、②支払期日を定める義務(下請代金2条の2)、③取引記録の書類を作成・保存する義務(下請代金5条)、および④遅延利息を支払う義務(下請代金4条の2)を負う。

5−40　親事業者の義務

①発注書面を交付する義務
②支払期日を定める義務
③取引記録の書類を作成・保存する義務
④遅延利息を支払う義務

他方、親事業者の禁止行為として、①受領拒否(下請代金4条1項1号)、②下請代金の支払遅延(下請代金4条1項2号)、③下請代金の減額(下請代金4条1項3号)、④不当返品(下請代金4条1項4号)、⑤買いたたき(下請代金4条1項5号)、⑥物の購入強制・役務の利用強制(下請代金4条1項6号)、⑦報復措置(下請代金4条1項7号)、⑧有償支給原材料等の対価の早期決済(下請代金4条2項1号)、⑨割引困難な手形の交付(下請代金4条2項2号)、⑩不当な経済上の利益の提供要請(下請代金4条2項3号)、⑪不当な給付内容の変更・やり直し(下請代金4条2項4号)が定められている。

5-41　親事業者の禁止行為

①受領拒否	⑦報復措置
②下請代金の支払遅延	⑧有償支給原材料等の対価の早期決済
③下請代金の減額	⑨割引困難な手形の交付
④不当返品	⑩不当な経済上の利益の提供要請
⑤買いたたき	⑪不当な給付内容の変更・やり直し
⑥物の購入強制・役務の利用強制	

【4】設例の検討

A社とB社との取引は、A社がブレーキ部品の規格、品質、デザイン、形状を指定して、B社に対しブレーキ部品の製造を委託するものであるから、下請法上の「製造委託」に該当する。

また、製造委託を内容とする取引であって、A社の資本金額は5億円、B社の資本金額は1億円であるから、A社は「親事業者」、B社は「下請事業者」にあたる。したがって、A社とB社との取引は下請法の適用を受ける。

下請法では、下請代金の支払期日は親事業者が下請事業者から給付を受領した日から起算して60日の期間内(かつ、できるかぎり短い期間内)において定めなければならない(下請代金2条の2第1項)。支払期日を定めていなかったときは、支払期日は親事業者が給付を受領した日とみなされる。また、法定の期間を超えて支払期日が定められていた場合、支払期日は給付受領日から起算して60日を経過した日の前日とみなされる(下請代金2条の2第2項)。まずは、支払期日の定めが下請法の規制に反しないか検討することになる。

設例においては、代金支払期日は部品受領後40日と定められている。これは部品の社内検査に最低限必要な日数にかんがみたものであるから、できるかぎり短い期間内で定めたものと認められる。したがって、設例における支払期日の定めは下請法に違反しない。

支払期日の経過後も下請代金を支払わない行為は、下請代金の支払遅延(下請代金4条1項2号)に該当し、同条柱書で禁止されている。

よって、A社の考えている行為は下請法の規制に違反する。

なお、A社が実際に支払を遅延した場合、公正取引委員会は、A社に対し、すみやかに下請代金および遅延利息(下請代金4条の2)を支払うべきことを勧告する(下請代金7条1項)。A社が勧告に従わない場合は、公正取引委員会により、排除措置命令や課徴金納付命令が発せられることがある。

第6章

エンフォースメント

1 総論

独占禁止法には、違反行為を定める実体規定とともに、違反行為に対する措置および執行を定める執行手続が規定されている。あるべき競争を回復するために、この執行手続は実務上きわめて重要である。独占禁止法においては、このような執行手続をエンフォースメントとよぶことが多い。

執行手続には、①公正取引委員会による行政処分(61条、62条)、②民事的救済(24条、25条、民709条)、および③刑事罰(89条から100条まで)の3種類がある。さらに、行政処分には、排除措置命令(61条)および課徴金納付命令(62条)があり、民事的救済には、差止請求(24条)および損害賠償請求(25条、民709条)がある。判例・審決例などで個々の事案をみる場合には、いずれの手続がとられているかを正確に把握してほしい。

6−1　独占禁止法のエンフォースメント

実体規定への違反

①行政処分（排除措置命令・課徴金納付命令）
②民事的救済（差止請求・損害賠償請求）
③刑事罰

2 公正取引委員会による行政手続

【1】排除措置

⑴概要

排除措置とは、「当該行為の差止め、事業の一部の譲渡その他これらの規定に違反する行為を排除するために必要な措置」(7条1項)をいう。

「違反する行為が既になくなっている場合」であっても、「特に必要があると認めるとき」は、「当該行為が既になくなっている旨の周知措置その他当該行為が排除されたことを確保するために必要な措置を命ずることができる」(7条2項本文)。ただし、「当該行為がなくなった日から7年を経過したときは、この限りでない」(7条2項ただし書)。

排除措置命令の趣旨は、違反行為の排除と、当該行為によってもたらされた違法状態を除去し、今後の競争秩序の回復・整備を図る点にある。

排除措置命令の内容は、当該違反行為に応じて個別的に決定されるものである。典型的なものとしては、カルテルにおける協定・合意の破棄、違反行為を取り止めたことの周知徹底措置、今後同様な行為を行ってはならない旨の不作為命令、排除措置についての公正取引委員会への報告などがある。

⑵「違反する行為が既になくなっている場合」

「違反する行為が既になくなっている場合」にあたるか否かによって、排除措置命令の内容が変わることから、「違反する行為が既になくなっている場合」の意義が問題となる。

入札談合の事案において、裁判例(東京高判平成15年3月7日審決集49巻624頁〔百選30事件〕)は、「受注調整を行う合意から離脱したことが認められるためには、離脱者が離脱の意思を参加者に対し明示的に伝達することまでは要しないが、離脱者が自らの内心において離脱を決意したにとどまるだけでは足りず、少なくとも離脱者の行動等から他の参加者が離脱者の離脱の事実を窺い知るに十分な事情の存在が必要である」とした。もっとも、離脱の意思の表明等は、事業者の経営レベルによるものだけでは足りず、受注調整の現場担当者レベルで行われることが必要である(審判審決平成21年9月16日審決集56巻1分冊192頁)。

⑶「特に必要があると認めるとき」

「特に必要があると認めるとき」とは、「違反行為は終了しているが違反行為による競争制限の効果が残存しているとか、あるいは一旦終了した違反行為が再び行われるおそれがあるなど、市場における競争が十分回復していないと認められる場合」をいう。そして、そのような場合といえるか否かは、「違反行為の態様、違反行為の期間、違反行為が終了した状況、違反行為者の市場行動、当該違反行為の対象となった商品又は役務の市場の状況等」を総合考慮して判断される(審判審決平成14年7月25日審決集49巻16頁参照)。

判例(最判平成19年4月19日審決集54巻657頁〔百選96事件〕)は、「『特に必要があると認めるとき』の要件に該当するか否かの判断については、我が国における独禁法の運用機関として競争政策について専門的な知見を有する上告人〔公正取引委員会〕の専門的な裁量が認められるものというべきである」とした。

★重要判例（最判平成19年４月19日審決集54巻657頁〔百選96事件〕）

「『特に必要があると認めるとき』の要件に該当するか否かの判断については、我が国における独禁法の運用機関として競争政策について専門的な知見を有する上告人の専門的な裁量が認められるものというべきである」。もっとも、本件については、「『特に必要があると認めるとき』の要件に該当する旨の上告人の判断について、合理性を欠くものであるということはできず、上告人の裁量権の範囲を超え又はその濫用があったものということはできない」。

⑷警告・注意

排除措置命令を行えるに足る証拠が得られなかった場合であっても、違反するおそれがある行為があるときは、警告を行うことがある。また、違反行為の存在を疑うに足る証拠が得られない場合であっても、違反につながるおそれがある行為があるときは、注意を行うことがある。

【２】課徴金制度

⑴概要

課徴金制度とは、一定の独占禁止法違反行為があった場合に、事業者に対して一定額の金銭の納付を命じる制度である（７条の２、７条の９、８条の３、20条の２から20条の６まで）。課徴金制度は、かつて不当な取引制限のみが対象となっていたが、2009（平成21）年の法改正によって、私的独占や不公正な取引方法についても適用されることになった。

⑵法的性質と二重処罰

ア　法的性質

課徴金制度の法的性質については、違反行為による不利益を増大させてその経済的誘因を小さくし、予防効果を強化することを目的としたものであり、禁止規定の実効性確保のための行政上の措置として定められたものというべきである（最判平成17年９月13日民集59巻７号1950頁〔百選99事件〕参照）。このように、現在においては、課徴金制度は不当利得の剥奪という性格から脱却し、行政上の措置と位置づけられている点に注意したい。

★重要判例（最判平成17年９月13日民集59巻７号1950頁〔百選99事件〕）

「独禁法の定める課徴金の制度は、……カルテルの摘発に伴う不利益を増大させてその経済的誘因を小さくし、カルテルの予防効果を強化することを目的として、既存の刑事罰の定め

(独禁法89条)やカルテルによる損害を回復するための損害賠償制度(独禁法25条)に加えて設けられたものであり、カルテル禁止の実効性確保のための行政上の措置として機動的に発動できるようにしたものである。また、課徴金の額の算定方式は、実行期間のカルテル対象商品又は役務の売上額に一定率を乗ずる方式を採っているが、これは、課徴金制度が行政上の措置であるため、算定基準も明確なものであることが望ましく、また、制度の積極的かつ効率的な運営により抑止効果を確保するためには算定が容易であることが必要であるからであって、個々の事案ごとに経済的利益を算定することは適切ではないとして、そのような算定方式が採用され、維持されているものと解される。そうすると、課徴金の額はカルテルによって実際に得られた不当な利得の額と一致しなければならないものではないというべきである。」

イ　課徴金と刑事罰

法的性質に関連して、課徴金制度では違反行為者に対して経済的不利益が課されることから、課徴金に加えて罰金等の刑事罰を科すことは二重処罰の禁止(憲39条)に反するのではないか、課徴金と刑事罰の併科の可否が問題となる。

この点について、裁判例(東京高判平成５年５月21日判時1474号31頁)によれば、「独禁法による課徴金は、一定のカルテルによる経済的利得を国が徴収し、違反行為者がそれを保持し得ないようにすることによって、社会的公正を確保するとともに、違反行為の抑止を図り、カルテル禁止規定の実効性を確保するために執られる行政上の措置であって、カルテルの反社会性ないし反道徳性に着目しこれに対する制裁として科される刑事罰とは、その趣旨、目的、手続等を異にするものであり、課徴金と刑事罰を併科することが、二重処罰を禁止する憲法39条に違反するものではないことは明らかである」と考えられている。

もっとも、課徴金と刑事罰がいずれも違反抑止効果をもつ点で共通していることから、併科する場合には、共通部分に関する調整として、罰金相当額の２分の１を課徴金額から控除するとの規定(７条の７)が設けられている。

ウ　課徴金と不当利得返還請求

さらに、違反行為が私法上無効となることに基づいて不当利得返還請求(民703条)がされている場合に、別途課徴金を課すことができるかも問題となる。

この点について裁判例(東京高判平成13年２月８日審決集47巻690頁〔百選100事件〕)は、「課徴金制度は、……カルテル行為をした者に利得が不当に留保されることを防止するために設けられたものである。そのような制度の趣旨目的からみるならば、現に損失を受けている者がある場合に、その不当利得返還請求が課徴金の制度のために妨げられる結果となってはならない。すなわち、……利得者が課徴金を支払ったことだけで、損失者の不当利得返還請求権に影響を及ぼすべきものではない」としている。

★重要判例（東京高判平成13年2月8日審決集47巻690頁〔百選100事件〕）

「課徴金制度は、社会的にみれば一種の制裁という機能を持つことは否定できないとしても、本来的には、カルテル行為による不当な経済的利得の剥奪を目的とする制度である。そして、このような課徴金の経済的効果からすれば、課徴金制度は、民法上の不当利得制度と類似する機能を有する面があることも否めない。

しかしながら、課徴金制度は、カルテル行為があっても、その損失者が損失や利得との因果関係を立証して不当利得返還請求をすることが困難であることから、カルテル行為をした者に利得が不当に留保されることを防止するために設けられたものである。そのような制度の趣旨目的からみるならば、現に損失を受けている者がある場合に、その不当利得返還請求が課徴金の制度のために妨げられる結果となってはならない。すなわち、利得者はまず損失者にその利得を返還すべきであり、現実に損失者が損失を回復していないにもかかわらず、利得者が課徴金を支払ったことだけで、損失者の不当利得返還請求権に影響を及ぼすべきものではない。」

⑶対象行為

課徴金の対象となる行為は、不当な取引制限、支配型私的独占・排除型私的独占、共同の取引拒絶（2条9項1号、20条の2）、差別対価（2条9項2号、20条の3）、不当廉売（2条9項3号、20条の4）、再販売価格の拘束（2条9項4号、20条の5）、および優越的地位の濫用（2条9項5号、20条の6）である。

不当な取引制限については、価格カルテル、供給量・購入量カルテル、シェア維持カルテル、取引先制限カルテル（7条の2第1項柱書）が対象となる。

6－2　課徴金の適用対象

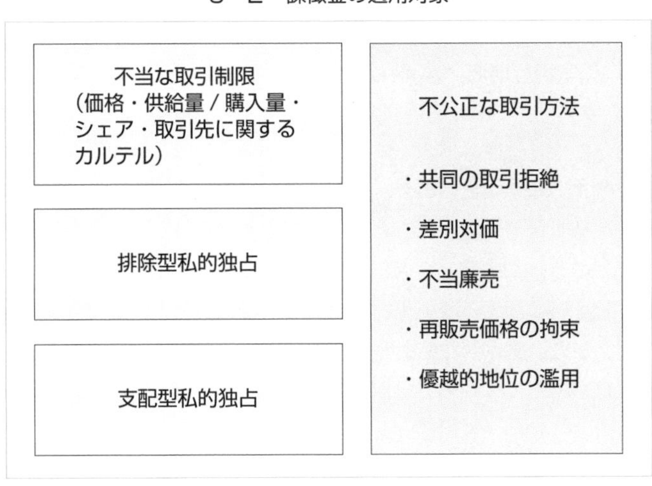

⑷算定方法

ア　算定式

課徴金額は、「違反行為に係る実行期間」中の対象商品または役務の売上額または購入額に、事業者の規模に応じた算定率を乗じて算出した合算額となる（7条の2第1項柱書、7条の9第1項柱書、第2項柱書）。ただし、その額が100万円未満の場合には、課徴金納付命令の対象にはならない（7条の2第1項ただし書、7条の9第1項ただし書、第2項ただし書）。

不当な取引制限および支配型私的独占の場合には、上記の売上額または購入額に、密接関連業務の対価の額を加えたうえで算定率を乗じ、これに財産上の利益に相当する額を加えた合算額が課徴金となる（7条の2第1項3号、4号、7条の9第1項2号、3号）。

6－3　課徴金額の算定式

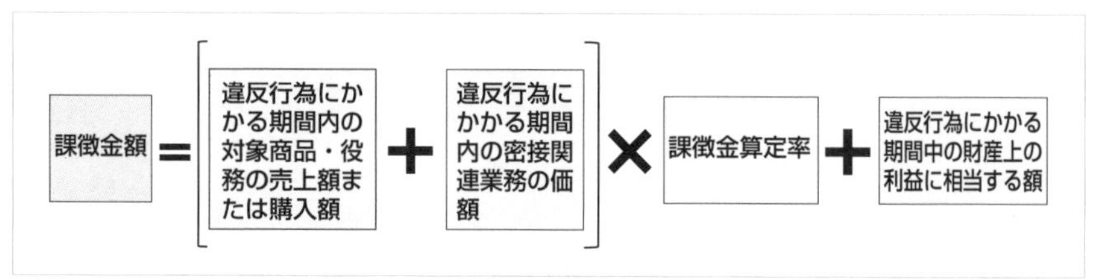

イ　「違反行為に係る実行期間」

（ア）始期

「違反行為に係る実行期間」の始期は、「違反行為の実行としての事業活動を行つた日」、すなわち違反行為の内容を現実の事業活動において最初に実現した日である（2条の2第13項）。

もっとも、価格カルテルにおいて、値上げ実施予定日の決定後、値上げ交渉を行い、予定日に現実に値上げが実施されるというように、決定日から実施日の間に一定期間がある場合、どの時点を始期とすべきかが問題となる。

たしかに、値上げに関する取引先への通知や交渉は、値上げを実施するための準備行為にすぎず、また合意されたとおりの値上げが実施できるともかぎらないから、現実の値上げ実施があってはじめて「行為の実行としての事業活動」が行われたとも思われる。

しかし、法が実行期間の始期につき、「当該行為の実行としての事業活動を行った日」と規定した趣旨は、不当な取引制限の合意の拘束力の及ぶ事業活動が行われた日以降について、具体的に実現された値上げの程度等を捨象して、当該合意に基づく不当な利得の発生を擬制し、これを違反行為者から課徴金として剥奪しようとする点にある。したがって、値上げカルテルの合意により値上げ予定日が定められ、その日からの値上げへ向けて交渉が行われた場合には、当該予定日以降の取引には、合意の拘束力が及んでいると考えられるから、現実にその日に値上げが実現したか否かにかかわらず、値上げ実施予定日において「当該行為の実行としての事業活動」が行われたといえる。よって、この場合における始期は、値上げ実施予定日というべきである。

6−4

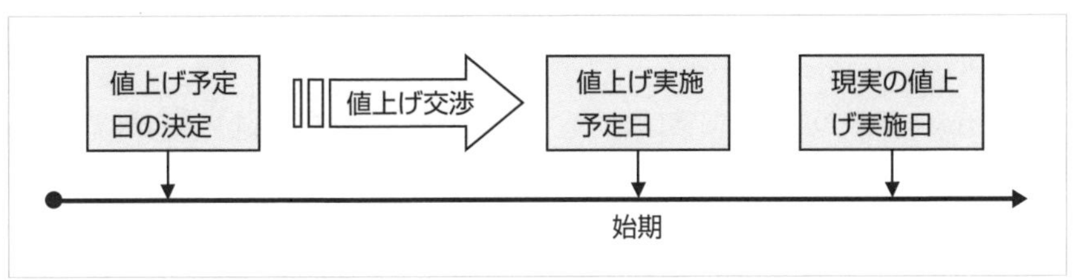

★重要判例（審判審決平成19年６月19日審決集54巻78頁〔百選103事件〕）

「独占禁止法第７条の２第１項は、実行期間の始期につき、『当該行為の実行としての事業活動を行った日』と規定しているが、この趣旨は、不当な取引制限の合意の拘束力の及ぶ事業活動が行われた日以降について、具体的に実現された値上げの程度等を捨象して、当該合意に基づく不当な利得の発生を擬制し、これを違反行為者から課徴金としてはく奪しようとするものである。かような課徴金制度における実行期間の趣旨にかんがみれば、値上げカルテルの合意により値上げ予定日が定められ、その日からの値上げへ向けて交渉が行われた場合には、当該予定日以降の取引には、上記合意の拘束力が及んでいると解され、現実にその日に値上げが実現したか否かに関わらず、その日において当該行為の実行としての事業活動が行われたものとするのが相当である」。

(イ)終期

「違反行為に係る実行期間」の終期は、「当該違反行為の実行としての事業活動がなくなる日」、すなわち違反行為が消滅した日である（２条の２第13項）。

★重要判例（審判審決平成19年６月19日審決集54巻78頁〔百選103事件〕）

「独占禁止法第７条の２第１項は、実行期間の終期につき、『当該行為の実行としての事業活動がなくなる日』と規定している。不当な取引制限は、違反行為者間の合意による相互拘束状態の下に、競争を実質的に制限する行為をいうから、この終期は、そのような相互拘束力が解消されて、もはや、かような競争制限的な事業活動がされなくなった時点を指すものと解される。したがって、この終期は、典型的には、違反行為者全員が不当な取引制限行為の破棄を明示的な合意により決定した時点や、一部の違反行為者が不当な取引制限の合意から明示的に離脱した時点を指すというべきであり、単に違反行為者の内部で違反行為を中止する旨決定しただけでは足りず、原則として、違反行為者相互間での拘束状態を解消させるための外部的徴表が必要となる。

しかし、上記のような終期の趣旨にかんがみれば、違反行為者全員の外部的徴表を伴う明示的合意がない場合であっても、違反行為者全員が、不当な取引制限の合意を前提とすることなく、これと離れて事業活動を行う状態が形成されて固定化され、上記合意の実効性が確定的に失われたと認められる状態になった場合には、やはり、当該行為の実行としての事業活動がなくなり、終期が到来したということができる。」

(ウ)不当な取引制限の成立時期

違反行為の始期の議論と関連して、不当な取引制限の成立時期をいかに解すべきかが問題とされることがある。なお、成立時期の議論は実体法上の議論であるのに対し、始期の議論は手続法上の議論である。したがって、両者は異なる次元の問題であるから、混同しないように注意したい。独占禁止法違反の刑事事件においては、不当な取引制限の成立時期とは犯罪の既遂時期の問題である。

不当な取引制限の成立時期に関しては、学説上、実施の事実が必要であるとする**実施時説**、合意がなされた時点で成立するとする**合意時説**、合意だけでは不十分であるが、なんらかの着手の事実があればよいとする**着手時説**がある。

6−5　不当な取引制限の成立時期

値上げ方針の決定	表示の書替準備等	値上げの開始
合意	着手	実施
↑	↑	↑
合意時説	着手時説	実施時説

不当な取引制限では、合意が得られること自体が競争者間の協調的行動の存在を示すものであるから、合意の時点で競争は実質的に制限されたものといえる。したがって、合意時点で不当な取引制限が成立すると解する**合意時説**が通説の理解である(最判昭和59年２月24日刑集38巻４号1287頁〔百選29事件〕参照)。

★重要判例(最判昭和59年２月24日刑集38巻４号1287頁〔百選29事件〕)

「事業者が他の事業者と共同して対価を協議・決定する等相互にその事業活動を拘束すべき合意をした場合において、右合意により、公共の利益に反して、一定の取引分野における競争が実質的に制限されたものと認められるときは、独禁法89条１項１号の罪は直ちに既遂に達し、右決定された内容が各事業者によって実施に移されることや決定された実施時期が現実に到来することなどは、同罪の成立に必要でないと解すべきである。」

ウ　「当該商品又は役務」

「当該商品又は役務」(7条の2第1項柱書)とは、課徴金の対象となる違反行為の対象とされた商品・役務全体をいう。価格カルテルの場合について、審決例(審判審決平成11年11月10日審決集46巻119頁〔百選101事件〕)においては、「当該商品」とは、違反行為の対象商品の範疇に属する商品であって、当該違反行為による拘束を受けたものをいうところ、違反行為の対象商品の範疇に属する商品については、当該行為を行った事業者または事業者団体が明示的または黙示的に当該行為の対象からあえて除外したこと、あるいは、これと同視し得る合理的な理由によって定型的に当該行為による拘束から除外されていることを示す特段の事情がないかぎり、「当該商品」に該当すると推定される。

★重要判例(審判審決平成11年11月10日審決集46巻119頁〔百選101事件〕)

「『当該商品』とは、『当該行為』すなわち課徴金の対象となる違反行為の対象とされた商品全体を意味すると解される。

そこで、以下、本件でY(公正取引委員会)が主張するような価格カルテルの事案の性質に即して考えると、この『当該商品』とは、一定の取引分野における競争を実質的に制限する違反行為が行われた場合において、その対象商品の範疇に属する商品であって、当該違反行為による拘束を受けたものをいうと解される……。そして、対象商品の範疇は、違反行為の内容に応じ、商品の種類、取引地域、取引段階、取引相手方等の要素によって画定される。

違反行為の事実認定においてこれらの要素によって画定された対象商品の範疇に属する商品については、当該違反行為による拘束を受け、定性的に違反行為の影響が及ぶものであるから、原則として当該範疇に属する商品全体が課徴金の算定対象となるものである。したがって、違反行為の対象商品の範疇に属する商品については、当該行為を行った事業者又は事業者団体が明示的又は黙示的に当該行為の対象からあえて除外したこと、あるいは、これと同視し得る合理的な理由によって定型的に当該行為による拘束から除外されていることを示す特段の事情がない限り、独占禁止法第7条の2第1項にいう『当該商品』に該当し、課徴金の算定対象に含まれると推定して妨げないものと解される」。

エ　算定率

課徴金の算定率は、違反行為の類型により異なる(7条の2第1項柱書、7条の9第1項柱書、第2項柱書、20条の2から20条の6まで)。行為ごとの算定率は、次の表(6−6)のとおりである。

6−6　適用対象ごとの課徴金算定率

適用対象	課徴金算定率
不当な取引制限	10%（違反事業者・そのグループ事業者がすべて中小企業の場合4%）
支配型私的独占	10%
排除型私的独占	6%
共同の取引拒絶、差別対価、不当廉売、再販売価格拘束	3%
優越的地位の濫用	1%

⑸課徴金の加算

課徴金額が加算されるのは、過去10年間以内に違反行為を繰り返した場合（7条の3第1項）、当該違反行為について主導的役割を果たした場合である（7条の3第2項）。これらの場合、課徴金は⑷アで算出した合算額の1.5倍となる（7条の3第1項本文、第2項本文）。

また、違反行為を繰り返した者が主導的役割を果たした場合には、課徴金は⑷アで算出した合算額の2倍となる（7条の3第3項）。

改正前独占禁止法では、算定率が加重されていたが、改正によって合算額自体が加重されるようになった。

⑹課徴金減免制度（リーニエンシー制度）

課徴金減免制度（リーニエンシー制度）とは、事業者がみずから関与したカルテル・入札談合について、その違反内容を公正取引委員会に自主的に報告した場合に、課徴金が減免される制度である（7条の4から7条の6まで）。課徴金減免制度を導入し事業者に協力してもらうことで、秘匿性が高いカルテルや入札談合の発見・証拠収集を容易にして、競争秩序を早期に回復することをめざしている。

具体的には、公正取引委員会の調査前に、最初に公正取引委員会に対して違反行為にかかる事実の報告および資料の提出を行った事業者については、課徴金が免除される（7条の4第1項）。それ以降に報告等を行った事業者については、その順番に応じて、課徴金が減額される（7条の4第2項）。

公正取引委員会の調査開始後に報告等を行った事業者についても、順番に応じて課徴金が減額される。

⑺調査協力減算制度

調査協力減算制度とは、公正取引委員会の調査に対し事業者が協力した場合、その度合いに応じて課徴金を減額する制度である。これまでの課徴金減免制度は減免率を順位に応じて画一的に算定していたため、事業者は報告等をすれば公正取引委員会の調査への協力の度合いにかかわらず一定の減算を受けられていた。そこで、事業者に対し調査に協力するインセンティブを高めるために、令和元年独占禁止法改正により、新たな制度が設けられた（7条の5）。

具体的には、事業者の報告等の順位・公正取引委員会の調査への協力の度合いに応じて、両者の協議および合意により、リーニエンシー制度による減額率に最大40パーセント、または最大20パーセントが付加される（7条の5第1項2号）。

6−7　課徴金減免制度の減免率・調査協力減算制度の減算率

報告等の時期	報告等の順位	減免率	調査協力減算率
調査開始前	1位	免除	対象外
	2位	20%	＋最大 40%
	3位〜5位	10%	
	6位以下（上限なし）	5%	
調査開始後	最大3社（調査開始前を含め報告等をした事業者が5社以下のときのみ）	10%	＋最大 20%
	上記以下（上限なし）	5%	

【3】判別手続

⑴判別手続の意義

判別手続とは、公正取引委員会の行政調査手続において提出を命じられた、課徴金減免対象被疑行為に関する法的意見について事業者と弁護士との間で秘密に行われた通信の内容を記録した物件で、一定の条件をみたすことが確認されたものは、審査官がその内容にアクセスすることなくすみやかに事業者に還付する手続をいう。独占禁止法上の制度ではなく、公正取引委員会規則上認められた手続である。

独占禁止法改正により課徴金減免制度が新しくなった現在、事業者にとってはどのように調査に協力すれば課徴金の減額を受けられるのかが大きな関心事となっており、事業者が弁護士と相談するニーズは高まりつつある。ところが、日本の法律では弁護士と依頼者間での秘匿特権が原則として認められていないため、後の行政調査によって事業者と弁護士とのやり取りの内容が明らかになる場合がありうる。これでは、両者の密接なコミュニケーションが害され、結果として課徴金減免制度が効果的に活用されないことになる。そこで、課徴金減免制度を十分機能させるべく、判別手続が導入されるにいたった。一定の条件のもとで事業者と弁護士とのやり取りを明らかにしないことを認める判別手続は、日本版の弁護士・依頼者間秘匿特権ともいえよう。

⑵判別手続の概要

公正取引委員会が事業者と弁護士との間のやり取りを記録した物件について提出命令を命じた場合、判別手続を利用したい事業者は「事業者と弁護士との間で秘密に行われた通信の内容が記録されている物件の取扱指針」に従った物件の取扱いを求める申出書を提出する。

判別手続の対象になる物件は、特定通信の内容を記録した物件である。特定通信とは、課徴金減免対象被疑行為に関する法的意見について課徴金減免対象被疑行為をした事業者が弁護士に対して秘密に行った相談、またはそれに対して当該弁護士が秘密に行った回答をいう（公正取引委員会「事業者と弁護士との間で秘密に行われた通信の内容が記録されている物件の取扱指針」第２の１）。

申出書の提出があった場合、審査官（課徴金減免対象被疑行為の審査を担当する者）は、当該求めのあった物件について、表示および保管の状況を確認する。審査官は、求めのあった物件が外観上所定の要件をみたすと認める場合、当該物件を封筒等に入れて

6−8　判別手続

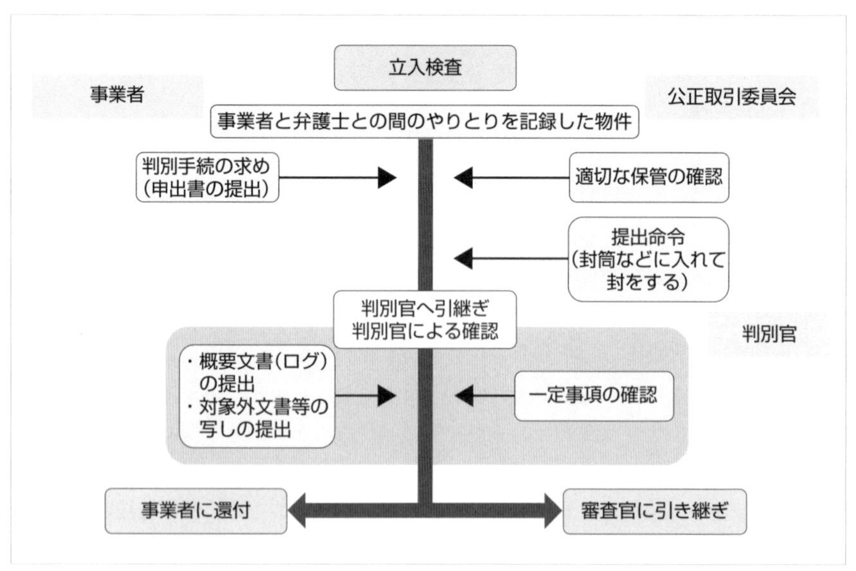

封をしたうえで、提出命令を行う。

審査官は、提出命令を行った後(立入検査において提出命令を行った場合にあっては、当該立入検査終了後)、遅滞なく、当該申出書とともに、当該物件を、封を解くことなく判別官に引き継ぐ。判別官は、公正取引委員会事務総局官房の職員から、当該被疑行為の調査等に従事したことがない者が指定される。

判別官は、当該物件の封を解いて、申出書などの提出状況や当該物件の表示、当該物件に記録されている内容、当該物件の保管状況(保管場所や内容を知る者の範囲)を確認する。確認の結果、当該物件が所定の条件をみたすと認められた場合は、当該物件に封をして事業者に還付する。所定の条件をみたすことが確認できなかった場合は、当該物件は審査官に送付される。

参照：公正取引委員会「事業者と弁護士との間で秘密に行われた通信の内容が記録されている物件の取扱指針」令和２年７月７日

【4】確約手続

平成28年の独占禁止法改正により、確約手続という制度が新たに導入された。確約手続とは、独占禁止法違反の疑いについて、公正取引委員会と事業者とが合意によって解決する仕組みをいう。競争上の問題を早期に是正し、公正取引委員会と事業者が協調的に問題解決を行う領域の拡大を図るべく導入された。

確約手続は、①公正取引委員会から事業者に対する通知(48条の２)、②事業者から公正取引委員会に対する排除措置計画の認定申請(48条の３第１項)、③公正取引委員会による排除措置計画の認定(48条の３第３項)の３段階からなる。独占禁止法に違反する疑いのある行為がすでになくなった段階でも、同様の手続がとられる。この場合の計画は、排除確保措置計画とよばれる(48条の６、48条の７第１項、３項)。排除措置

6−9　確約手続

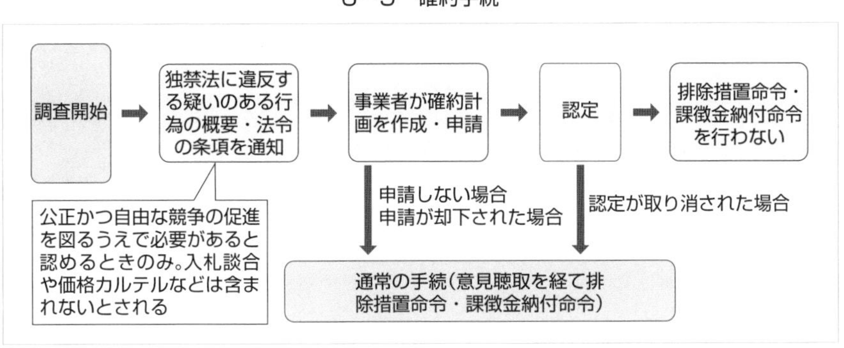

計画と排除確保措置計画とをあわせて、**確約計画**と総称される。

確約計画が認定された場合、認定が取り消されないかぎり、認定にかかる行為に対して排除措置命令や課徴金納付命令にかかる規定は適用されない(48条の4、48条の8)。

確約手続が適用された事例

公正取引委員会は、アマゾンジャパン合同会社(以下「アマゾンジャパン」という)に対し、アマゾンジャパンの行為が優越的地位の濫用(2条9項5号)に該当し、19条の規定に違反する疑いがあるものとして、2020(令和2)年7月10日に確約手続通知を行ったところ、アマゾンジャパンから確約計画の認定申請があった。公正取引委員会は、当該計画が独占禁止法に規定する認定要件のいずれにも適合すると認め、同年9月10日に当該計画を認定した(公正取引委員会「(令和2年9月10日)アマゾンジャパン合同会社から申請があった確約計画の認定について」)。

この事例において、取引上の地位が自社に対して劣っている納入業者に対してアマゾンジャパンが行った以下のような行為が違反被疑行為とされた。

(1) 通販サイトでの値引き分の一部を納入業者に補填させる在庫補償契約を締結することにより、当該契約で定めた額を、納入業者に支払うべき代金の額から減じている。
(2) 納入業者から仕入れた商品の販売においてアマゾンジャパンの目標とする利益を得られないことを理由に、金銭を提供させている。
(3) 共同マーケティングプログラム契約に基づき提供すべきサービスの全部または一部の提供を行うことなく、サービスの対価に係る金銭を提供させている。
(4) アマゾンジャパンのシステムへの投資に対する協賛金等の名目で、金銭を提供させている。
(5) 過剰な在庫であるとアマゾンジャパンが判断した商品について、返品している。

これに対し、アマゾンジャパンは、以下のような確約計画の認定申請を行った。

(1) 違反被疑行為を取りやめること
(2) 違反被疑行為を取りやめる旨等、業務執行の決定機関による決定
(3) 納入業者への通知・従業員への周知徹底
(4) 違反被疑行為と同様の行為を行わないこと
(5) コンプライアンス体制の整備
(6) 納入業者への返金等(金銭的価値の回復)
(7) 上記(1)から(6)までの履行状況の報告

このほかにも、楽天株式会社やビー・エム・ダブリュー株式会社など、確約手続の適用事例が相次いでおり、今後も手続の利用が増加していくことが予想される。

3 民事的救済

民事訴訟において、独占禁止法違反が問題とされるのは、①独占禁止法違反の法律行為の効力、②損害賠償請求(25条、民709条)、および③差止請求(独禁24条)である。ここでは、各場面において問題とされる論点について解説したい。

6−10 民事的救済の3場面

①独占禁止法違反の法律行為の効力
②損害賠償請求(25条、民709条)
③差止請求(独禁24条)

【1】独占禁止法違反の法律行為の効力

契約などの法律行為が独占禁止法違反となる場合、当該法律行為の私法上の効力はどうなるかが問題となる。この点については、独占禁止法は公正取引委員会の規制権限を根拠づける法規にすぎない。したがって、独占禁止法違反であるからといって、ただちに当該違反行為の私法上の効力も否定されることにはならない。よって、独占禁止法に違反した法律行為は、当該法律行為が公序良俗に反するとして民法90条の要件をみたす場合にかぎり無効になるというべきである。

この論点に関する著名な判例(最判昭和52年6月20日民集31巻4号449頁〔百選122事件〕)も、同様の立場に立つものと考えられている。もっとも、実際の裁判例においては、独占禁止法違反を認めつつ公序良俗(民90条)に反しないとして有効としたものはほとんどないとされている。

★重要判例(最判昭和52年6月20日民集31巻4号449頁〔百選122事件〕)

「独禁法19条に違反した契約の私法上の効力については、その契約が公序良俗に反するとされるような場合は格別として、……同条が強行法規であるからとの理由で直ちに無効であると解すべきではない。けだし、独禁法は、公正かつ自由な競争経済秩序を維持していくことによって一般消費者の利益を確保するとともに、国民経済の民主的で健全な発達を促進することを目的とするものであり、同法20条は、専門的機関である公正取引委員会をして、取引行為につき同法19条違反の事実の有無及びその違法性の程度を判定し、その違法状態の具体的かつ妥当な収拾、排除を図るに適した内容の勧告、差止命令を出すなど弾力的な措置をとらしめることによって、同法の目的を達成することを予定しているのであるから、同法条の趣旨に鑑みると、同法19条に違反する不公正な取引方法による行為の私法上の効力についてこれを直ちに無効とすることは同法の目的に合致するとはいい難いからである。」

【２】損害賠償

⑴概要

独占禁止法違反行為が競争秩序に悪影響を与えた結果、関係する企業や消費者の利益を侵害することがある。このような場合に、違反行為者に対して損害賠償請求をすることが考えられる。損害賠償請求の根拠としては、民法709条に基づく不法行為責任のほか、独占禁止法固有の規定として、独占禁止法25条が定められている。

民法709条に基づく損害賠償請求と独占禁止法25条に基づく損害賠償請求とは、競合すると考えるのが判例・通説である。したがって、両規定の要件をみたす場合には、いずれを選択することも請求者の自由である。

⑵民法709条に基づく損害賠償請求

独占禁止法違反行為が民法709条の要件をみたすかに関しては、違反行為が「権利又は法律上保護される利益」を侵害したといえるかが問題となる。

この点について、裁判例（東京地判平成９年４月９日審決集44巻635頁〔百選116事件〕）は、「独禁法は、原則的には、競争条件の維持をその立法目的とするものであり、違反行為による被害者の直接的な救済を目的とするものではない」から、独占禁止法に「違反した行為が直ちに私法上の不法行為に該当するとはいえない。」

「しかし、事業者は、自由な競争市場において製品を販売することができる利益を有している」ところ、当該利益は「権利又は法律上保護される利益」にあたる。したがって、独占禁止法に違反する行為が当該「利益を侵害するものである場合は、特段の事情のない限り」、私法上も違法であるとした。

★重要判例（東京地判平成９年４月９日審決集44巻635頁〔百選116事件〕）

「独禁法は、原則的には、競争条件の維持をその立法目的とするものであり、違反行為による被害者の直接的な救済を目的とするものではないから、右に違反した行為が直ちに私法上の不法行為に該当するとはいえない。

しかし、事業者は、自由な競争市場において製品を販売することができる利益を有しているのであるから、右独禁法違反行為が、特定の事業者の右利益を侵害するものである場合は、特段の事情のない限り、右行為は私法上も違法であるというべきであり、右独禁法違反行為により損害を受けた事業者は、違反行為を行った事業者又は事業者団体に対し、民法上の不法行為に基づく損害賠償請求をすることができると解するのが相当である。」

⑶独占禁止法25条に基づく損害賠償請求

民法709条に基づく損害賠償請求と比較した場合、独占禁止法25条に基づく損害賠償請求の特徴は、①無過失責任（25条２項）、②公正取引委員会への求意見制度（84条１項）、③東京地方裁判所の専属管轄（85条の２）、④排除措置命令・課徴金納付命令の確定が訴訟要件であること(26条1項)、⑤④にあげた排除措置命令等の確定日から3年の消滅時効(26条2項)、といった点に求められる。

このうち、②公正取引委員会への求意見制度とは、25条に基づく訴訟が提起された場合に、東京高裁が公正取引委員会に対して、「違反行為によって生じた損害の額について、意見を求めることができる」(84条1項)という制度である。求意見制度は、独占禁止法の運用の専門機関である公正取引委員会の意見を尊重する趣旨で設けられたものである。もっとも、裁判所には意見を求める義務はなく、意見を求めたとしても裁判所がその内容に拘束されることはない。

6−11　独占禁止法25条と民法709条の比較

	独占禁止法25条	民法709条
①責任	無過失責任（25 Ⅱ）	過失責任（民709）
②公正取引委員会への求意見	あり（84）	なし
③専属管轄	東京地方裁判所（85の2）	なし
④訴訟要件	排除措置命令等の確定（26 Ⅰ）	なし
⑤消滅時効	排除措置命令等の確定日から3年（26 Ⅱ）	被害者・法定代理人が損害および加害者を知った時から3年（民724①）

【3】差止請求

⑴概要

独占禁止法は、公正取引委員会による公正かつ自由な競争の確保を主眼としているため、被害者救済のために十分な措置がとられるとはかぎらない。そこで、私人が、みずから裁判所に対して違反行為の差止めを直接求める制度として、差止請求(24条)が定められた。

24条の差止請求は、①不公正な取引方法(8条5号、19条)に関する「違反する行為」に②「よって」(因果関係)、③「利益を侵害され、又は侵害されるおそれ」があり、④これにより「著しい損害を生じ、又は生ずるおそれがあるとき」に認められる。なお、違反行為者の故意・過失は不要である。ここでは、差止請求における中心的な要件である③および④について解説する。

⑵③「利益を侵害され、又は侵害されるおそれ」

「利益」とは、一般不法行為(民709条)における法的保護に値する利益と同様であり、公正かつ自由な競争が行われている市場において取引を行っていくうえで得られる経済的価値その他の利益一般をいう。また、利益侵害の「おそれ」で足りるから、現実に損害は発生していないが、将来において差止めによる救済を必要とする損害が生じる蓋然性があればよい。

⑶④「著しい損害を生じ、又は生ずるおそれがあるとき」

「著しい」損害の発生が要件とされていることから、どの程度の損害が生じている必要があるのかが問題となる。

24条が「著しい損害」の発生を要件としたのは、19条違反となる幅広い行為のうち、差止めを認める必要性があるものに限定して、差止めの対象として認めようとする趣旨である。そこで、「著しい損害」があるといえるのは、当該行為につき、損害賠償請求が認められる場合より、高度の違法性を有する場合、すなわち、被侵害利益がより大きく、侵害行為の悪性がより高い場合である。そして、そのような場合にあたるか否かは、当該違反行為および損害の態様、程度などを総合考慮して判断すべきである。裁判例（大阪高判平成17年7月5日審決集52巻856頁）もこれと同様の立場に立っている。

★重要判例（大阪高判平成17年7月5日審決集52巻856頁）

「著しい損害とは、いかなる場合をいうかについて検討するにそもそも、独禁法によって保護される個々の事業者又は消費者の法益は、人格権、物権、知的財産権のように絶対権としての保護を受ける法益ではない。また、不正競争防止法所定の行為のように、行為類型が具体的ではなく、より包括的な行為要件の定め方がされており、公正競争阻害性という幅のある要件も存在する。すなわち、幅広い行為が独禁法19条に違反する行為として取り上げられる可能性があることから、独禁法24条は、そのうち差止めを認める必要がある行為を限定して取り出すために、『著しい損害を生じ又は生ずるおそれがあるとき』の要件を定めたものとも解される。

そうすると、著しい損害があって、差止めが認められる場合とは、独禁法19条の規定に違反する行為が、損害賠償請求が認められる場合より、高度の違法性を有すること、すなわち、被侵害利益が同上の場合より大きく、侵害行為の悪性が同上の場合より高い場合に差止が認容されるものというべきであり、その存否については、当該違反行為及び損害の態様、程度等を勘案して判断するのが相当である。」

4 刑事罰

独占禁止法違反行為の多くについては、刑事罰を科す規定がある（89条から100条まで）。刑事罰の定めがないのは、①不公正な取引方法（19条）とその類似行為（8条5号）、および②株式取得・合併等の企業結合（10条1項、13条1項、14条前段、15条1項1号、

15条の2第1項1号、15条の3第1項1号、16条1項)である。

独占禁止法上の各行為類型の主体は会社などの法人であることが多い。しかし、刑法上は原則として法人の行為能力が否定されている。そこで、95条の両罰規定によってはじめて、担当者等の個人だけでなく、会社などの法人にも刑罰が科せられることとなる(95条1項1号から4号まで)。

企業における独禁法コンプライアンス

排除措置命令および課徴金納付命令は事業者のみを対象とするのに対して、刑事罰は事業者のみではなく役員・従業員も対象となる。たとえば、カルテル・談合等の独占禁止法に違反する行為をした場合、役員・従業員には5年以下の懲役または500万円以下の罰金が(89条1項)、事業者には5億円以下の罰金が科される可能性がある(95条1項1号)。このように、独占禁止法違反と認定された場合のペナルティが大きいため、企業は、コンプライアンスマニュアルの作成、社内研修の実施、法務部や第三者への報告・通報窓口の設置などの対策を講じている。

●私的独占・不当な取引制限・不公正な取引方法の要件一覧表

試験直前期に見返すための資料として、本書で学習した私的独占、不当な取引制限、不公正な取引方法の要件を一覧にした。各要件の内容の欄は簡潔に示しているため、気になったところは該当箇所に戻って復習してほしい。

1　私的独占(3条前段、2Ⅴ)

	要　件	内　容
排除型私的独占	①「事業者」が	なんらかの経済的利益の供給に対応し反対給付を反復継続して受ける経済活動を行う者
	②他の事業者の事業活動を「排除」することにより	人為的行動によって他の事業者の事業活動の継続や新規参入を困難にする蓋然性のある行為
	③「一定の取引分野」における	商品・役務の範囲および地理的範囲によって画定される市場
	④「競争を実質的に制限する」	市場支配力の形成・維持・強化
	⑤「公共の利益に反して」	正当化理由がないこと
支配型私的独占	①「事業者」が	
	②他の事業者の事業活動を「支配」することにより	なんらかの意味において他の事業者の事業活動の意思決定に制約を加え、その事業活動を自己の意思に従わせる蓋然性を有する行為
	③「一定の取引分野」における	
	④「競争を実質的に制限する」	
	⑤「公共の利益に反して」	

2　不当な取引制限(3条後段、2Ⅵ)

要　件	内　容
①「事業者」が	
②「他の事業者」と	「事業者」と相互に競争関係に立つ事業者
③「共同して」	意思の連絡があること
④「相互に……拘束」することにより	当該合意が、共通の目的の達成に向けられた、それぞれの事業活動を制約するものであること
⑤「一定の取引分野」における	
⑥「競争を実質的に制限する」	
⑦「公共の利益に反して」	

3　不公正な取引方法

行為類型	要　件	内　容
共同の供給拒絶（2Ⅸ①）	①「事業者」が	
	②「共同して」	意思の連絡があること
	③「供給を拒絶」「供給に係る商品若しくは役務の数量若しくは内容を制限する」こと	「拒絶」：客観的にみて取引を拒絶していること 直接拒絶する場合はイに、間接的に拒絶する場合はロに該当する
	④「正当な理由がない」こと	自由競争減殺（排除）
共同の受給拒絶（2Ⅸ⑥イ・指定1）	①「事業者」が	
	②「自己と競争関係にある他の事業者」と	
	③「共同して」	
	④「ある事業者から商品若しくは役務の供給を受けることを拒絶」「供給を受ける商品若しくは役務の数量若しくは内容を制限する」こと	直接拒絶する場合は1号に、間接的に拒絶する場合は2号に該当する
	⑤「正当な理由がない」こと	自由競争減殺（排除）
単独の取引拒絶(2Ⅸ⑥イ・指定2）	①「事業者」が	
	②「ある事業者に対し」	
	③「取引を拒絶」「取引に係る商品若しくは役務の数量若しくは内容を制限」すること	
	④「不当に」	自由競争減殺（排除）
持続的な差別対価供給(2Ⅸ②)	①「事業者」が	
	②「地域又は相手方により差別的な対価をもって」	「対価」：商品または役務の給付に対して現実に支払う価格
	③「商品又は役務を継続して供給する」ものであって	「商品又は役務」：同質同等または全体として実質的に同一であれば足りる
	④「他の事業者の事業活動を困難にさせるおそれがあるもの」であること	⑤と検討内容は重複する
	⑤「不当に」	自由競争減殺（排除）
差別対価供給・受給(2Ⅸ⑥イ・指定3)	①「事業者」が	
	②「地域又は相手方により差別的な対価をもつて」	
	③「商品若しくは役務を供給し、またはこれらの供給を受ける」こと	
	④「不当に」	自由競争減殺（排除）
取引条件の差別取扱い(2Ⅸ⑥イ・指定4)	①「事業者」が	
	②「ある事業者に対し」	
	③「取引の条件又は実施について有利な又は不利な取扱いをする」こと	

行為類型	要　件	内　容
	④「不当に」	自由競争減殺（排除）
事業者団体等における差別取扱い（2Ⅸ⑥イ・指定5）	①「事業者」が	
	②「事業者団体若しくは共同行為からある事業者を……排斥し、又は……事業者を……差別的に取り扱」うこと	
	③「その事業者の事業活動を困難にさせる」こと	④と検討内容は重複する
	④「不当に」	自由競争減殺（排除）
不当廉売（法定類型・2Ⅸ③）	①「事業者」が	
	②「商品又は役務」を	
	③「供給に要する費用を著しく下回る対価」で	対価が可変的性質をもつ費用をも下回っていること
	④「継続」して供給し	相当期間にわたり廉売が継続しているか、その蓋然性が認められること
	⑤「他の事業者の事業活動を困難にさせるおそれがある」ものであること	⑥と検討内容は重複する
	⑥「正当な理由がない」こと	自由競争減殺（排除）
不当廉売（指定類型・2Ⅸ⑥ロ・指定6）	①「事業者」が	
	②「商品又は役務」を	
	③「低い対価で供給」すること	供給対価が少なくとも総販売原価を下回っていること
	④「他の事業者の事業活動を困難にさせるおそれがある」こと	⑤と検討内容は重複する
	⑤「不当に」	自由競争減殺（排除）
不当高価購入（2Ⅸ⑥ロ・指定7）	①「事業者」が	
	②「商品又は役務」を	
	③「高い対価で購入」すること	
	④「他の事業者の事業活動を困難にさせるおそれがある」こと	⑤と検討内容は重複する
	⑤「不当に」	自由競争減殺（排除）
欺まん的顧客誘引（2Ⅸ⑥ハ・指定8）	①「事業者」が	
	②「自己の供給する商品又は役務の内容又は取引条件その他これらの取引に関する事項について」	
	③「著しく優良又は有利である」と	社会通念上許容される誇張の限度を超えて、商品または役務の選択に影響を与える内容であること
	④「顧客」に	一般消費者のみならず事業者をも含む
	⑤「誤認」させることで競争者の顧客を誘引すること	客観的に誤認のおそれがあること

行為類型	要　件	内　容
	⑥「不当に」	競争手段の不公正
不当な利益による顧客誘引(2Ⅸ⑥ハ・指定9)	①「事業者」が	
	②「利益」をもって顧客を誘引すること	
	③「正常な商慣習に照らして不当」であること	競争手段の不公正
抱き合わせ販売等(2Ⅸ⑥ハ・指定10)	①「事業者」が	
	②「相手方に対し」	
	③商品または役務の供給にあわせて「他の商品又は役務」を	「他の商品又は役務」：独自性を有し、主たる商品または役務から独立した需要が存在しているもの
	④「購入させ……ること」「その他……強制すること」	客観的にみて少なからぬ顧客が「他の商品又は役務」の購入等を余儀なくされていること
	⑤「不当に」	自由競争減殺(排除)・競争手段の不公正
排他条件付取引(2Ⅸ⑥ハ・指定11)	①「事業者」が	
	②「競争者と取引しないことを条件として」	競争者と取引しないことが契約上義務づけられているか、従わない場合になんらかの経済上の不利益を課すことによりこれに従うことが担保されていること
	③当該「相手方」と取引すること	
	④「不当に」	自由競争減殺(排除)
再販売価格拘束(2Ⅸ④イ・ロ)	①「事業者」が	
	②「自己の供給する商品を購入する相手方」に	
	③「条件を付けて」当該商品を供給すること	行為者の示した価格で販売することが契約上義務づけられているか、従わない場合になんらかの経済上の不利益を課すことによりこれに従うことが担保されていること
	④③の条件が、2Ⅸ④イ、ロのいずれかに該当すること	
	⑤「正当な理由がない」こと	自由競争減殺(回避)
その他拘束条件付取引(2Ⅸ⑥ニ・指定12)	①「事業者」が	
	②相手方とその相手方の取引その他相手方の事業活動を「拘束する」条件をつけて	取引条件に従うことが契約上義務づけられているか、従わない場合になんらかの経済上の不利益を課すことによりこれに従うことが担保されていること
	③「相手方」と取引すること	「相手方」：行為者の直接の取引相手
	④「不当に」	自由競争減殺(排除・回避)
	①「事業者」が	

行為類型	要　件	内　容
優越的地位の濫用（2Ⅸ⑤）	②「自己の取引上の地位が相手方に優越していること」を	行為者が相手方にとって著しく不利益な要請等を行っても、相手方がこれを受け入れざるをえないような状況にあること
	③「利用」して	
	④2Ⅸ⑤イ、ロ、ハに該当する行為をすること	
	⑤「正常な商慣習に照らして不当」であること	自由競争基盤の侵害
競争者に対する取引妨害（2Ⅸ⑥ヘ・指定14）	①「事業者」が	
	②「自己……と……競争関係にある他の事業者とその取引の相手方との取引について」	「自己」：事業者 「競争関係」：潜在的なものも含む実質的競争関係
	③「取引を……妨害する」こと	広く競争者の事業活動に不利益を与える行為
	④「不当に」	自由競争減殺（排除・回避）・競争手段の不公正
競争会社に対する内部干渉（2Ⅸ⑥ヘ・指定15）	①「事業者」または「株主若しくは役員」が	
	②「会社の不利益となる行為をするように」	
	③「誘引し、そそのかし、又は強制する」こと	
	④「不当に」	競争手段の不公正

事項索引

せ

そ

た

ち

つ

と

に

は

判例索引

昭和30〜39年

昭和40〜49年

昭和50〜59年

平成元〜９年

平成10～19年

平成20年～

♠伊藤　真（いとう　まこと）

1981年、大学在学中に1年半の受験勉強で司法試験に短期合格。同時に司法試験受験指導を開始する。1982年、東京大学法学部卒業。1984年、弁護士として活動しつつ受験指導を続け、法律の体系や全体構造を重視した学習方法を構築し、短期合格者の輩出数、全国ナンバー１の実績を不動のものとする。

1995年、憲法の理念をできるだけ多くの人々に伝えたいとの思いのもとに15年間培った受験指導のキャリアを活かし、伊藤メソッドの司法試験塾をスタートする。

現在は、予備試験を含む司法試験や法科大学院入試のみならず、法律科目のある資格試験や公務員試験をめざす人たちの受験指導をしつつ、「一人一票実現国民会議」および「安保法制違憲訴訟」の発起人となり、弁護士として社会的問題にも積極的に取り組んでいる。

「伊藤真試験対策講座」〔全15巻〕（弘文堂刊）は、伊藤メソッドを駆使した本格的テキストとして多くの読者に愛用されている。本講座は、実務法律を対象とした、その姉妹編である。

（一人一票実現国民会議URL:https://www2.ippyo.org/）

伊藤塾
〒150-0031　東京都渋谷区桜丘町17-５　03（3780）1717
https://www.itojuku.co.jp

経済法［第２版］【伊藤真実務法律基礎講座６】

2013（平成25）年１月30日　初版１刷発行
2021（令和３）年12月15日　第２版１刷発行

監修者　伊藤　真
著　者　伊藤塾
発行者　鯉渕友南
発行所　株式会社 弘文堂　101-0062 東京都千代田区神田駿河台１の７
TEL 03（3294）4801　振替 00120-6-53909
https://www.koubundou.co.jp

装　丁　笠井亞子
印　刷　三美印刷
製　本　井上製本所

ISBN978-4-335-31288-5